JN097238

ゆたかな
UR団地暮らし
を求めて

香里団地コミュニティ活動60年

増永理彦 著
Masunaga Tadahiko

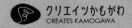
クリエイツかもがわ
CREATES KAMOGAWA

はじめに

　URはこの65年間、前半は公的立場の公団として住宅建設を、また後半は民間の経営方針を取り入れながら公団あるいはURとして、主要には「団地再生」を行ってきている。

　前半の公団は、「ダンチ」や「2DK」に象徴される戦後大都市圏での都市住宅様式を創造するなどで、日本の住宅界をリードしてきた。団地居住者の暮らしからみれば、「高・遠・狭」や生活関連施設未整備等の問題があったが、上昇基調の経済を背景に次第に変容する社会の中でも、何とか住み続けることもできてきた。また、居住者はコミュニティ活動を展開しながら、団地暮らしの豊かさを保ってきた。

　ところが後半の30年間、日本経済は低成長し新自由主義政策が浸透し公的住宅政策も大縮減した。その中で公団も行政改革などをへて大きく「公」から「民」へと大変貌している。住宅建設部門の事業内容は住宅建設から「建て替え」等の「団地再生」へと変化していった。これらの影響と、その間での居住者の「高齢化・小家族化・低所得化」の進展によりコミュニティ活動も低下し、また団地に安心して住み続けることができなくなってきている。
　これらは、豊かなUR団地暮らしの実現において、大きなネックとなっている。

　朝日新聞朝刊、第1面の鷲田清一さんのコラム「折々のことば」では、様々なメディアへの短文評論として、毎日味のあるコメントがあって興味深い。
　2020年3月12日には安東量子さんの『海を撃つ　福島・広島・ベラルーシ

にて』（みすず書房）が紹介されていて、読んでみた。

　安東さんは福島原発事故以降、自ら現地調査を繰り返し、原発周辺居住被害者への日本の専門家の説明を何度も聞いた。日本の専門家たちは放射能汚染の危険性は説明するが、「最後決めるのはあなたたちだ。」と突き放す。ところが、国際放射線防護委員会（ICRP）の専門家は、被害者の事故前の暮らしを大事にし、希望をよく聞いて、何よりも寄り添って一緒に考えてくれたという。

　もちろん、原発事故と「団地再生」は一緒にはできない。

　しかし、現に住んでいる居住空間が一瞬にして住めなくなるという、我々が過去に経験したことがない程の過酷な福島原発事故においても、ICRPは勧告書で「人々が通常の習慣に復帰できるように地域を修復すべき」とまとめている。URも「団地再生」において、もっと団地の居住者に寄り添い、一緒に考える姿勢をもてなかったのだろうか？

　「そのようなことは土台無理だ」とUR側から聞こえてきそうだ。

　しかしながら、本書で一部紹介するが、URの「団地再生」でも、「居住者に寄り添い、一緒に考える姿勢をもった」例がわずかだがあり、結果"住み続け"につながり、居住への安心の要件が多少なりとも実現した。URの良心をそこに見る。

　団地でより豊かな暮らしを送るには、「安全・快適・安心・文化」、このキーワード４つのレベルアップが必要だと思う。

　特に「安心」が重要で、本書では家賃の引き下げ、住み続けができること、幼児・子育て層・高齢者向けのハード・ソフトの施設整備（居住福祉施策の充実）の３つをあげている。これらの実現には家主たるURや福祉行政等の公的政策改善が不可欠であり、過去UR65年間の歴史をみても十分とは言えない。そこで、この間、やむを得ず居住者は自治会を立ち上げ、団地暮らしをより良いものにすべく集まり、学習し、要望し、活動してきた。また同時に、自分たちの要求・興味・趣味に従って、団地暮らしをより豊かにするために文化活動

を活発化させてきた。この「自治会活動」と「文化活動」を合わせて、本書では「コミュニティ活動」としている。このコミュニティ活動が全国の UR 団地で大なり小なり 60 年以上も継続している。

　本書の主な内容は、大阪府枚方市にある公団が建設した著名な香里団地を事例にして、コミュニティ活動の 60 年を居住者の暮らし目線からみていくことだ。香里団地は、公団初期においては住宅建設と居住者のコミュニティ活動の典型的な大規模団地事例であることは間違いない。香里団地を舞台にした居住者の豊富なコミュニティ活動 60 年をみることで、今後、全国でより豊かな UR 団地暮らしを実現させるための、なにがしかのヒントを得ることができると考える。

コラム

序　章

豊かなUR団地暮らしを求めて

1. 豊かなUR団地暮らしとは

1 ｜ 安全・快適・安心そして文化が重要

　豊かなUR ^(注1) 団地暮らしを実現していくには、「安全・快適・安心・文化」^(注2) の4つが不可欠の要件だと思う。

　新聞やテレビでも、「安全・快適・安心の住まい」という広告・宣伝のフレーズをよく目にし、耳にする。この「安全・快適・安心」は住まいや居住面で具備すべき基本的な要件であり、人々の心に響き、住まいのもつべき本質をとらえているから、よく使われるのであろう。逆に、今の自分の居住の現状を振り返ってみた時、十分満たされていない部分もあるから、「そうであればいいね」という将来の住まいへの希望も生まれる。

　そして、もう1つ要件を付け加えるなら「文化」だと思う。「文化」は、居住者自らの思い・趣味・興味などに従って、暮らしにゆとりと潤いあるいはお互いの絆なども確保しつくることができる幅広の精神的肉体的活動およびその成果だ。また、居住地域や人と人とのつながりなどに依拠し、居住者の主体的な活動も要請される。近年、市民個々人の思い、やりたいことなどを実現させるために多種多様な文化的な暮らし、あるいは暮らしていくうえでの文化活動

への思い・考えや行動も強くなってきている。これらは今後一層重要になり、かつより深化していくのではなかろうか。現下の居住地や団地での人々の暮らしをみていてそう思う。

　ところで、日々居住するうえでの「豊かさ」とはなんだろう。どうすれば豊かな暮らしが手に入るのだろうか。また、誰もが豊かなUR団地の暮らしをどうすれば実現できるのだろうか。確かに、居住者によっては豊かさへの思いはいろいろであり複雑だ。しかし、豊かさを実現するために必要な要件は、住み続けられることを前提に「安全性や快適性が確保され、そのうえで安心して暮らすことができて、かつ文化的なことも自由に追求し実現できる」ことが不可欠だと考える。

2　「安全」と「快適」は確保
　UR住宅に関していえば、「安全」と「快適」についてはほぼ満たしているといっ

注1　日本住宅公団（1955）は、住宅・都市整備公団（住都公団・1981）、基盤整備公団（1999）、そして都市再生機構（UR・2004）と組織が変わった。本書では「公団」と「UR」の間で線引きせず両者を自由に使う。現在はURであるが、歴史が短いこともあって、「公団」を一般的に使い、近年のことやこれからのことに関しては、できるだけ「UR」を使うことにしたい。

注2　本書での重要なキーワード「安全・快適・安心・文化」を使うに際しての意味を確認しておきたい。

安全：居住者の誰もが、団地で不安や不自由なく日々暮らせるように、URによって整備されている物的状態をいう。また、その状態を保つためにURが住宅を管理している。

快適：安全な団地を居住者が常に「快適だ」と思えるような住宅や団地になるように、主要にはURが管理・改善に努めなければならない。

安心：安定的かつ持続的な居住が実現できる条件を整備することで実現できる。本文で述べるように、URの施策として実現が求められる課題である。

文化：居住者・市民が自由に主体的に、各個人の趣味・思い・やりたいことやグループで何かを取り組むことで達成感をもつなどして、より豊かな団地暮らしの実現に寄与する。

これらの4要件の内、「安全・快適・安心」の3要件については、居住者・自治会とURもしくは行政と話し合いつつ、施策変更も必要である。また、「文化」の実現には、居住者や市民などとの文化活動が不可欠になり、UR・行政などと協働の場面もある。本書では、この自治会活動と文化活動を合わせて「コミュニティ活動」としている。

てよい。

「安全」については客観性が強く、わかりやすい（コラム1）。

URでは企画・計画・設計・施工に関して、公・民含めて多様な調査研究や開発技術的な研究も行われてきた。全国組織でかつ事業量も膨大であっただけに、数多くの調査研究が各地の大学や公的な研究機関で行われてきた。これらを駆使して、その時々に応じて、計画から施工そして保全・改善に至るまでの基準や指針等が数多く制定された。さらに、例えば居住者が損害を受けるようなことがあれば、些細なことでも管理部門を中心に改修・改良を行い、さらには、調査・研究を行い計画や設計部門にも反映させた。このような安全への対応システムが長期間かけてつくられてきた（表4-1 ▶105頁）。

UR住宅の「快適」については、居住者・市民によって思いや判断などで主観的な面もあるだろう。住宅だけでなく屋外空間のよさも含め、日本では他に比較できるような賃貸住宅や団地が供給されていないこともあるが、快適性についても"良好である"といって差し支えない（ただ、かつて「高・遠・狭」〈家賃が高い、都心から団地まで遠い、住宅が狭い〉とマスコミ等で批判されたこともあった）。

快適性は安全性と"地続き"であり、安全性が確保できないことには快適ではない。上記の安全性をベースに、快適さも追求してきた。

UR住宅では、具体にいえば、

1　住戸や住棟関連でいえば多種多様なnLDK平面、低層から超高層までの住棟群ラインアップ

2　何度もの大地震にも耐えた耐震性や100年でも使える耐久性をもった住棟

3　年々向上させたキッチンやバスなどの水回り、電気、機械、ガス設備

4　一定の水準を確保した住戸内外、住棟の多種多様な部品・部材

5　団地の屋外空間や生活関連諸施設を、ハイレベルの計画・設計・施工によって実現

6　1～5すべてにわたって、良好に保全また管理されることでこれらの水準を維持

により、「安全」を基本に「快適」を確保してきている。

　URがこれらについて、居住者・市民の住まいへの要求を取り上げ、公的立場で民間企業などとも共同で開発・研究を継続し、常に、安全性と同時にその快適性の実現を追求してきたことは間違いない（コラム2▶25頁、序章2015〈26頁「参考文献」参照〉）。

3 ｜ 「安心」については今も最大問題

　ところが、UR住宅に「安心して住めるか」「住み続けることはできるか」というと必ずしもそうではない。特に、「公団後半」（1986年〜）（注3）になってからは、「安心」ではなく「不安」だという居住者が多い。

　もちろん、振り返って「公団前半」（1955 〜 1985年頃まで（注3））でも安心して住めたのかというと、必ずしもそうではない。

　まずは、とにかく家賃が高かった。そして、建設と供給が急がれた故に、生活関連施設の準備が十分でないままに入居したケースが多く、入居者は戸惑いかつ往生した。全国の団地で、保育所や日常の買い物する店舗の整備が遅れ、バスなどの交通条件未整備実態があった。また、"憧れ"の公団住宅の割には、安心して住み続けができない住戸の狭さの現実もあった。ただ、今と違い、その頃は高度経済成長期にあり、"住宅双六"（民間アパートから公団の賃貸へ、そして公団分譲を経て郊外戸建て住宅が"あがり"という住み替えコースのモデル）の時代で、居住者の大多数は若年核家族で、UR賃貸は腰掛的位置づけでもあり、「給料もその内上がるだろう」などと考えた。今は厳しいが将来への明るい見通しがあり、それほどの不安を感じなかったのだろうと思われる。

　しかし、背に腹は代えられない部分もある。当然のことながら高額な家賃と保育所・買い物等を中心にした生活関連施設の不備などについては、極めて切実であって、全国的に居住者や自治会あるいは市民による消費者運動、公害反

注3　「公団前半」とは、設立の1955年から1985年頃までのおよそ30年、「公団後半」とは1986年の「建て替え」事業スタート以降の約30年を示している。同様に、「香里前半」とは香里団地入居開始の1958年から1988年の約30年、「香里後半」とは1989年に開かれた香里団地でのシンポジウムや「建て替え」対策委員会発足以降の約30年を指している。

対運動も猛烈に沸き起こった。安全と快適が一定満たされている公団団地では、若年居住者にとって、「高齢になったらどうするか」などの思いは皆目ない。今は保育所と安い生鮮食品をどうゲットするか、そして高い公団家賃をどうしたら引き下げられるかが最大の問題であった。

　「公団後半」は団地再生時代に入り、「安心して住み続けられるか」という問題がより深刻化していった。理由は、「団地再生」での「建て替え」では今の

コラム 1　UR住宅は、地震に強く避難所にもなる

●耐震性

　地震鳴動期にある日本では、いつ大地震があってもおかしくない。例えば、兵庫南部で大地震の起きた前年の1994年時点で、兵庫県下（大部分は瀬戸内臨海諸都市）のUR賃貸住宅は70団地、1,300棟、46,570戸であった。地震後、解体しなければならなかったのは神戸市中央区の5団地だが、すべて単棟型市街地住宅（下階が施設で上階が住戸、上下階で柱の間隔が異なることによる耐震性でのマイナス面が大）である。他は多少の補修はあったが問題なかった。その後、東北での大地震に際しても公団住宅の耐震性の高さが証明された。

●UR住宅が避難所

　また、UR住宅に住んでおれば、大災害時に避難所への移動は考えなくてもよい。

　筆者友人の出版記念会で、地震・災害専門のI先生があいさつされた。その中で、近年の地震、台風、大雨からの災害対応に関して、「避難したり避難所の開設を考えるより、皆が今住んでいる普段の住まいを避難所にできる、つまり、今の住まいに避難所以上の立地と耐震性、耐風性、耐水害性を備えるべきだ」との発言があった。

　その通りだと思うし、UR住宅はそれらの条件を十分具備していて、UR住宅に住んでいる限り避難所は要らない。筆者は公団分譲高層住宅に住んでいて、近年の台風や地震時には自宅で待機したが、そう思った。UR住宅レベルの計画や設計の基準を有する住宅をどう増やすか、逆に災害に弱い住宅をどう減らしていくのか、国を挙げて考えるべきではなかろうか。

住宅で住み続けができず、家賃も大きく上がる。加えて、公団だけの責任では
ないが、高齢者や母子家庭・障害者など居住弱者も増大し、反面、居住福祉政
策が弱く、若年家族層にとっても家賃が高く子育て関連施設が未整備などの問
題があるからだ。なかでも、この間独居、年金暮らしの高齢者が増えているだ
けに、高齢者への公的福祉施策の充実は待ったなしの状態だ。つまり、

1 家賃については、65年にわたり連綿と高家賃が続いている
2 住み続けについては特に「団地再生」での配慮に乏しい
3 居住福祉施策については、「公団前・後」で内容は違うが不十分である

　これらの3点については、問題が多岐にわたり深刻化している。安心居住を
阻害している大きな要因だ。

4 ｜ 「文化」はこれから一層重要

　「文化」はこれから団地暮らしの中でも一層重要な要件となろう。
　今や、資本主義経済の行き過ぎたグローバル化や貧富の格差などが多くの識
者から指摘されているが、この動向に関して是正される方向にはなく、むしろ
競争が激化している。
　今後、経済活動のスピードを緩め、昔に帰るわけにはいかないが、団地居住
に関して重要なことは“居住地でのコミュニティ形成や、暮らしを優先した社
会の再構築”が求められているのではなかろうか。今後は、居住地域での家族
や近隣の暮らしにスポットを当て、いかにしたら、「皆が豊かな暮らしを実感
できるのか」を最も大事にする方向に社会が進むようにならなければなるまい。
　ジグザグや一時的な後退もあろうが、大きくはこのような流れの中で、結果、
暮らしから生まれる身の回りの文化を大事にする機運が少しずつ醸成されてい
くものと思われる。
　また、「文化」を具体に実現していく文化活動 (注4) に関しては、居住者側の
課題であり、率先して居住者が独自に自主的に進めることが肝要だ。これまで
も多くの団地で、自治会やサークルやグループがボランタリーに、団地で大な
り小なり取り組まれてきている。今後一層多種多様な文化サークルが生まれ、

その活動の展開が期待される。

　これら、「安全」「快適」「安心」「文化」の4つの要件を持続的に高めていくことによって、誰でもが享受できる豊かな団地暮らしが実現できる。しかしその実現はたやすくない。そこに居住者・市民によるコミュニティ活動（自治会活動＋文化活動）が不可欠となって登場する。

　以上のような問題意識をもちながら、本書では、URの香里団地を事例にして、居住者や市民からの聞き取り、自治会新聞、自治会ニュース、香里団地新聞、そしてアンケートや各種資料などにより、居住者の暮らし目線からその60年のコミュニティ活動を振り返り、その実態を分析している。

2.　公団65年での2大変化

　公団住宅65年の歴史での最も大きな変化は何かと問われたら、公団の「民営化」と「居住者の変容」の2つと答えたい。

　公団は1955年の発足以降、国の住宅政策実施機関の特殊法人として公的立場を基本にして進んできた。ところが1980年代あたりから、国の基本政策に新自由主義が浸透し、それに従い住宅政策も民営化へ舵を切っていった。また、一方では居住者・市民の変化は緩やかであるが、この頃から都市圏全体で家族の変容も始まり、公団賃貸住宅居住者をみると高齢化が進み、小家族化など家族が多様化し、所得の低下も進んでいった。

　この2側面に関しては、当然、香里団地でも同じ状況がみられる。豊かな団地暮らしを考えるに際して、考慮すべき重要ファクターだ。

注4　本書では、文化活動を「環境型」文化活動と「社会型」文化活動とに2分している。団地での物的環境の改善、整備あるいは悪化の阻止を目指しての居住者・市民の運動や活動を「環境型」、そのほかの、目的をもった個々人や各グループによるアソシエーション型の文化活動を「社会型」とした。

1 | 公団は「公」から「民」へ

(1)「公団前半」では公的役割が強かった

公団（日本住宅公団）は、1955年設立された。

公団の今日までの65年（1955 ～ 2020）を大きく2つに区分してみると、「公団前半」（1955 ～ 1985年頃）での住宅建設の意義は特に大きいものがある。

およそ戦後復興・高度経済成長期にあたる、1955 ～ 1980年代までには、「大きな政府」といわれたが、公的資金をジャブジャブ投入して公共事業を展開させた。その一環としての住宅政策であり、その政府の政策を直に受け、公団も住宅建設にまい進した。東京、名古屋、大阪、福岡の四大都市圏で、勤労者大量流入の受け皿として用地を購入し住宅を建設し、また都心部では都市再開発、郊外ではニュータウン開発も行った。さらには、「早く、大量に」のかけ声のもとで、住宅建設の事業規模も拡張していった（年平均数万戸、ピーク時年8万戸）。

この「公団前半」でもその前半20年間の頃は、高度経済成長政策を背景に公団にも勢いがあり、同時に職員にも使命感や余裕もあって仕事にあたっていた。当時の公団は、

1 日本の住宅建設の量と質ともに主柱であり続ける
2 企画、計画、設計、施工、管理などで調査研究や技術開発などにも多大な実績をあげる
3 それまでにない、日本独自の集住による都市住宅様式を創出、定着させる
4 住宅産業界への建築産業や技術的な面での波及効果は大きい

といったねらいをもっていた。公団は、これらを通して、日本の都市住宅史に残る多大な業績を残したと総括できる（序章2015）。国の住宅政策実施機関、つまり「政府関係特殊法人」としての公的立場をもった「日本住宅公団」（1955 ～ 1981）の存在意義は大きい。

公団の二大変化

	公団前半　1955 ～ 1985	公団後半　1986 ～ 2020
公団住宅事業の特質	公的住宅実施機関 都市住宅の大量建設	民間事業化 「団地再生」（建て替え中心）
居住家族	都市勤労層 核家族	家族の多様化 高齢化、小家族化、低所得化

公団の性格が大きく変わったのは1980年代で、中曽根政権（第1次1982 ～ 1987）の頃から日本での新自由主義的な政策が進みだし、国鉄、電電、専売の三公社が民営化された（1985 ～ 1987）。1981年には日本住宅公団が行革により住都公団に組織替えした。これらを背景に、公団の「建て替え」が始まった1986年を節目とした。

（2）「公団後半」は並行して民営化・「団地再生」が進む

　ところが、公団は「公団後半」（1986 ～）には大きく変容した。公的立場から大きく後退し、今や民間企業と大差なき事業体になっている。同時に住宅建設から「団地再生」に転換していった。

①民営化

　公団は後半、その事業内容を少しずつ変容させていった。

　日本の高度経済成長がストップし、新自由主義的な政治、経済、社会政策へと変化していったことが、直接、間接に決定的な影響を与えている。

　つまり、敗戦直後から高度経済成長の頃までは都市圏での住宅は数百万戸不足し、府県境界など無視して「早く、大量に」建設・供給することが最優先政策であったことから、公団の出番があった。ところが、1970年代後半になると、政府も一般のマスコミも「公団は住宅建設から手を引いて、あとは民間事業者や民間の不動産開発業者に任せたらいいじゃないか」という論調に傾斜していった。

　その中で、公団は1980年代、経営重視の方向に政策展開し、「売れる住宅を作れ、コスト削減せよ、儲けを増やせ」など民間企業と同じような方針が出た。「住宅は商品である」との考えがこのあたりから一般化した。それまでの

設計や計画の基準も緩和方向で見直し、「売れない、あるいは入らない住宅は、民間ベースで見直しをせよ」との大号令がかかった。公団がこれまでのような、例えば「住宅は公共財だ」という、公的企業のスタンスで仕事をしていくと、本当につぶされるのでは、という危機感から、方針を大転換したのだ（「大転換させられた」というほうが正しいだろうが）。

　「公団後半」で、公団は民営化の方向に徐々に舵を切り出してからは、だんだん公的な立場から離れていった。民営化の方向を目指すことになると、計画や設計あるいは技術の開発などで居住者・市民目線や要求へのブレーキがかかる。「暮らしの豊かさ」等の追求よりも、コスト重視、経営重視の方向に進む。まさしく公団がその方向に進んだ結果として、今のURがある。いまや、ほとんど民間事業スタイル化しているのが実態だ。
　そして、新規に用地を取得して公団住宅を建設することは不要とされるのならば、それは減らし、公団が所有している膨大な賃貸住宅を「建て替え」ることで、事業を継続し生き延びようという、「建て替え」の時代に突入していった。

②「団地再生」（「建て替え」から「集約」）へ
　1986年（昭和61）は公団の「建て替え」元年だ（大きくは「団地再生」であるが、具体には「建て替え」が中心）。公団は、先の「民営化」とほぼ併行して、この「団地再生」時代に突入していった。
　団地建設時期別に、「建て替え」、改善、保全と3区分に仕分けして、昭和30年代建設団地は、建設後年数が30年以上だというわけで、公営住宅に準じて一律に「建て替え」が方針となった。新規に用地を取得しての新規建設がなくなっていき、建設戸数も「建て替え」が増え、一路「建て替え」にまい進していった。
　「建て替え」が進み、民営化施策が深化していく中、近年2018年年末に「UR賃貸住宅ストック活用・再生ビジョン」が公表された。この方針の特徴は、URの有する賃貸住宅の戸数削減を明確に打ち出したことだ。これは具体的には、それまでの「建て替え」は基本的に実施せず、「集約」中心の最悪の「団

地再生」への施策展開である（コラム6 ▶ 109頁）。

　だた、URの民営化に関して、以下のことには留意しておく必要がある。
　居住者・市民の暮らし目線でみた時、もはや公的な賃貸住宅が不要で、新規の住宅建設を事業とするURなど必要なく、URは民間事業者の立場で「建て替え」や「集約」だけやっていけばいい、ということではないと思う。なぜならば、日本の住宅事情や居住環境の実態をよく調べ、あるいは西欧諸国のそれと比較していけばわかるが、まだまだ、居住に関する費用負担は大きくかつその水準が低い。さらに、この住宅や居住環境の諸課題を民間事業に任せれば、うまくいき、解決できるとは考えられないからだ。
　やはり、今の日本では公的な住宅政策や特に居住福祉政策の充実こそ、まだまだ求められていて重要であると思われる。このことは、居住者・市民の思い・意向だけでなく、多くの識者が指摘していることでもある。
　この方向に沿えば、URにこだわることでもないが、URを、民営化から逆ベクトルであるが公的住宅政策を担う事業集団の方向に向けることも、ありうるのではなかろうか（序章2012）。

2 ｜ 居住者は「核家族・勤労層」から「高齢化・小家族化・低所得化」

（1）家族の変容

　住まいは、言うまでもなく家族の命を守り育む空間として極めて大事だ。また、時間とともに、家族の機能・形態が変われば、住まいも様々に変わる。
　住宅での暮らしを考えるに際し、家族の変容を知ることは重要なテーマである。安全・快適・安心そして文化の暮らしは、家族の変容と共に、少しずつ変わっていく。特に、大都市での家族は戦後激変した。敗戦、復興、高度経済成長、オイルショック、低成長、新自由主義、グローバリズムと経済世界や政策が変わり、社会も変わり家族を大きく変えた。

（2）「公団前半」は「核家族・勤労層」

　「公団前半」では、公団居住者の特徴として「標準家族」（核家族の中で、夫

婦と未婚の子ども2人だけで構成される家族）という言葉が盛んに使われた。公団住宅建設が華やかりし1980年頃までの話だ。また、居住者は、その頃にはない新しい住まいに住み、モダンな暮らしを送る若年勤労者とその家族をマスコミなどは「団地族」（注5）と呼んだ。

　このほぼ似通った2DKなどの"nLDK"型住宅に住む若年「核家族」は、暮らし方も似ている。団地から、夫は都心の職場に通勤する。妻は働く人もいれば専業主婦もいた。自宅で家事・育児に追われる。親が近くに住んでいればいいが、多くは親元を離れて団地に住んでいる。そうなると、働く主婦には当然、保育所が不可欠だ。夫婦ともども学歴は高卒・大卒などで所得階層も結構上位であり、暮らしや生活環境の改善についての要求は高い。権利意識も強い。保育所・幼稚園そして交通など生活関連施設や環境への不満もある。要求実現のためには、学習し運動し自治会をつくり、同時に団地独自の文化活動を展開することになっていった。

　そこでの暮らしも、戦後の新しい時代、新しい社会をバックに若年層中心に活気にあふれ、大いに盛り上がった時代であった。

（3）「公団後半」は「高齢化・小家族化・低所得化」

　ところが「公団後半」では家族の様相が大きく変わる。この数十年での大都市居住地での家族の変容は著しい。

　公団後半になると徐々にこの標準的な核家族の型が崩れだし、「小家族、多様な家族型」となり、近年になると一層、高齢者も増えてきている。

　マンションや戸建て住宅も供給され、富裕な層は賃貸からそちらに転居していった。都心UR賃貸タワー型住宅などは別にして、今や、一般のUR賃貸住宅居住者の中には低所得者も増え、公営住宅階層に近似してきている。居住者の所得に対応した支払い可能な家賃への引き下げや、支払いの能力に応じた家

注5　公団前半での公団住宅の居住者像は、マスコミなどを通じて定着した。居住者の多くが若年核家族、夫は都心勤務のサラリーマン（ホワイトカラー層）、妻は専業主婦（次第に夫婦共働きへ）、といった特徴を備えている。団地に住み、この時代、この家族層の生活スタイルには共通性があることから、ひっくるめて「団地族」という言葉で定義されている。

賃設定が求められている。

　また、「建て替え」に伴う建て替え後賃貸住宅の一般入居者には、若年層もあるものの、高家賃のために腰掛け程度の居住になり、入退居が激しい状況にもある。

　一方では、小家族化（少子化、単身化、母子・父子家族）と高齢化の結果、医療・介護、福祉の問題も大きい。並行して低所得化が進み、年金収入が主要所得になるがそれも少しずつ目減りする。医療・介護の費用負担は増え、消費税も上がるといった生活困難が進む。ところが、このような家族の変容に対応した公的住宅政策もますます縮減し、同時に重要な公的な居住福祉関連の整備も遅れ、家族の変容や暮らしの変化やコミュニティの変容などに対応しきれていない。

　このように、これからの豊かなUR団地暮らしのあり方を考える場合は、居住者の家族形態や機能、ライフスタイル、コミュニティのあり方だけではなくて、現実的な課題である医療・介護・福祉などを総合的に、いわば「居住福祉」までウィングを拡げて考えていかなければならない事態になっている。

3.　コミュニティ活動の活性化がカギ

1 ｜ コミュニティ活動で豊かな団地暮らしを

　地域での豊かな暮らしを実現するには、国や自治体に頼ればうまくいくとはかぎらない。同様にUR住宅の居住者にとってはURの「団地再生」や管理方針に従えば、豊かな団地暮らしが実現するわけでもない。

　公団によって建設された団地で、より豊かな団地暮らしを目指して、その基本的な要件である「安全・快適・安心・文化」を前に進めてきた推進力として、団地居住者による「コミュニティ活動（自治会活動と文化活動）」の果たしてきた、あるいは果たしている役割は大きい。

　自治会活動でいえば、家賃の引き下げをはじめ、生活環境の整備、日常的な団地の保全・改善、防犯・防災訓練など、「安全・快適・安心」に関わって、

常により団地暮らしに関わるあらゆることが取り組まれた。今後は、「団地再生」や団地の「活用・改善」そして管理や保全の分野に関しても、居住者・自治会あげての取り組みがより必要だ。

　また、様々な文化的な日常的な取り組みや諸行事などの個人やサークルの自主的・自覚的文化活動を自治会が取り込む場合も増えてきている。むしろ、この方が一般的かもしれない（近年の香里団地の各地区の自治会でも、文化行事などを取り込んで幅広く自治会活動を展開してきている）。

　本書に書いている香里団地における文化活動は「香里ヶ丘文化会議」[注6]に代表されるが、初期から伝統的に自治会とは別に独立して、自治会の活動も取り組みながら進めてきている。この意味では香里団地は特殊解かもしれないが、その60年の文化活動については、事実や経緯を踏まえてみている。

　いずれの活動についても、団地の居住者が自分の問題・課題として自主的・自覚的に立ち上げ、自分たちの暮らし目線で、豊かな団地暮らしを求めて、推進してきている。この居住者による多様で粘り強い活動によって、公団の施策を改善させてきた。豊富で幾多もの事例がある。この活動は、今後とも続いていくものと考える。ここにコミュニティ活動の重要な意義があり、本書においても多くのページを割いて香里団地を事例にコミュニティ活動の60年をみて、示唆を得ようとしている所以でもある。

2 ｜ コミュニティ活動でURと協働も

（1）URと協働の自治会活動

　これまでもそうであったが、「安全」「快適」については居住空間をどう整備するかという問題では"大家"のURが主体になるが、"店子"の居住者・自治会・

注6　香里団地の初期の文化活動の中心となった。その活動内容として、一連の公立保育所等や青空市場の開設などの団地暮らしをよくしていくことも「文化」だとして広くとらえ、自治会活動とは一線を引いて取り組んできている。本書では、その香里団地での特殊性や経過も踏まえ、団地自治会が実施する活動はすべて自治会活動、「香里ヶ丘文化会議」と「文化活動組織」によるすべての実践活動を文化活動として大きく二分して、話を展開している。第3章で詳述。

自治協議会がURに要求し話し合いで解決していく。このあたりは今後とも不変だ。

　さらに「安心」を前に進めるにはどうしていくのか。述べたが、3点（家賃、住み続け、居住福祉）に関して、各団地の「団地再生」や「活性・再生」あるいは「管理」も含め、居住者皆が安心して、ずっと住み続けられる保証を勝ち取っていくことであろう。この場合も基本は居住者・自治会とURがお互いリスペクトしあいながら、話し合いし協働して解決していくことに尽きる（「地域医療福祉拠点化プロジェクト」など▶第4章参照）。

（2）文化活動への取り組み

　全国のUR団地で、居住者が中心になって文化活動がなされてきている。この65年で実に多様化してきて、この流れはとどまらず進んで行くだろう。

　文化活動でも居住者の独自活動が主にはなろうが、URとの協働の可能性はある。

　URが民営化しているといっても、"一皮残した「公」"の看板を背負って、住宅を管理し団地を再生あるいは活性化している。あるいは、居住者のより豊かな団地暮らしを願って、居住者と協働の文化活動にも取り組みつつある。近年、URサイドでも、URのHPや冊子類をみると団地での文化活動が盛んになってきている。居住者・市民と自治会活動同様、あるいはもっと多様に協働していくことも求められる。

　また、コミュニティ活動については、結局は費用負担や制度の問題に行き着く。ここには、団地立地の自治体も絡む。これまで、わずかだがUR団地でのいくつかの事例もある。自治体も含めて、どうしていくのか、自治会、UR、自治体をはじめ、関連の諸団体が協議し知恵を絞ることになるであろう。

4. 香里団地を事例に

　本書は、香里団地を事例に取り上げている。

香里団地には公団も力をいれて建設し、「東洋一のニュータウン」としてつとに有名である。関西初の大規模団地として、自然を生かしゆったりした団地の空間計画、60年経過してもびくともしないインフラ、住宅と施設の計画的配置、新たな住戸型の提案などで都市計画学会賞を受賞し、マスメディアにも取り上げられ、初期の先進的な公団団地として全国に知られている。

「香里後半」は民営化したURの「建て替え」や「集約」の事業が中心となり、居住者の暮らしを厳しく脅かしてきている。居住者は前半と異なり、様変わり、高齢化、小家族化、低所得化が進む。

60年間連綿と続いている香里団地でのコミュニティ活動から何をくみとるか。

1 | コミュニティ活動が盛んな香里前半（1958〜1988）

1958年にB地区（今のけやき東街）で最初の居住が始まった。

当時、居住者は若年核家族・都市勤労者が中心でかつ、多くの文化人・教員・作家も住んだ。団地居住者も社会的に多様に取り上げられ、"日本一"と言われた「香里団地自治会」や「香里ヶ丘文化会議」などもよく知られている。香里団地初期のコミュニティ活動においては全国的にみても先導的であったことは間違いない。

香里団地の暮らしの様子は、マスコミや各種メディアから「団地族」「2DK」などの言葉とともに広範に流布された。当時の小説や映画などにも取り上げられ、都市における新しいライフスタイルの出現だとして、社会的なブームを巻き起こした。

以上のような、"香里現象"とも表現できる、初期の空間的・社会的な実態・内容を知る意味も大きい。

2 | 香里後半（1989〜）でのコミュニティ活動

（1）「建て替え」でコミュニティが断絶

ところが当初入居後30年経過し、香里団地でも他の多くのUR団地同様、居住者においては高齢化・小家族化・低所得化が進み、ライフスタイルも変容し居住者同士の近所づきあいやコミュニティのまとまりが薄くなってきてい

る。「香里後半」では一言でいえば、URの「建て替え」によって、それまで長年にわたって形成されてきたコミュニティが断絶してしまった。香里団地だけではないが、一度壊れたデリケートな人間関係を回復するには、おそらく築き上げてきたのと同じ"何十年もの時間"を要することであろう。見過ごされてきているが、この損失は何ものにも代えがたいほど大きい。

　研究者も市民も、実態把握の上、考えてみることが大事ではなかろうか。

コラム2　豊かな団地空間を創った設計陣

　公団の、特に初期の団地空間の豊かさは、他に類をみない。

　振り返ると、当時、戦後の高度経済成長を支える大都市圏勤労者向けに、大量住宅供給の必要性がまずあった。それは自ずと今までにはなかった、耐震の集合住宅団地を各大都市圏一円に大量建設する命題となった。公団の職員、特に建築系職員が、欧米での計画、設計、施工の経験や事例などを集め、研究し、日本独自の都市住宅団地の豊かなあり方を追求し実現してきた。

　設計面で工夫し、地域や団地の場所、敷地の条件などに配慮し、暮らしを想定し、ベストの住宅や施設の配置そして屋外計画を創り上げた。団地空間のゆとりも確保できるという時代背景もあり、時代とともに厳しくなっていったものの、当初は低容積でゆったりとした居住空間を創り上げた。

　とりわけ、初期の団地設計陣は団地空間への思いは強く、多くの団地設計の傑作を生みだした（映画「人生フルーツ」で有名になった、設計担当の津端修一氏もそのうちの1人）。

　残念ながら、初期の多くの傑作・快適な低・中層団地がすでに建て替えにより、その多くが高層・高密団地に姿を変えてしまっている。だから、都市計画学会第一回石川賞受賞の「香里団地」のD、E地区の「集約」を止めて、リニューアルでの対応が求められる。

　公団団地空間の素晴らしさについては、（木下庸子・植田実編著『いえ団地 まち―公団住宅設計計画史』住まい学体系103、住まいの図書館出版局、2014.2）等参照。

（2）自治会がまとまり切れず

　後半の香里団地では、公団賃貸住宅の「建て替え」、残地の民間分譲、「集約」もほぼURの方針やスケジュール通りに進んできている。また、自治会活動においても香里団地の初期は別にして、「香里後半」では6地区の連絡会はあっても団地全体としての自治会のまとまりが希薄になった。このこともあって、団地自治会側の要求がまとまり切れず、URの「団地再生」の基本方針が通ってしまった。もちろん各地区別の自治会は地道に頑張っているが、今のところ香里団地全体として、単一自治会になっておらず、自治会活動上の最大課題となっている。「どうすればいいのか」というより、「どう突破するべき」だろうか。

（3）文化活動が地道に進む

　一方、困難な中で豊かな暮らしを求めて、多様な文化活動が展開しつもある。本文に事例を挙げて詳しく述べるが、香里団地初期のような先進的で派手さはない。しかし、その"DNA"を受け継ぎながら、むしろ最近の文化活動は、「しんどい中でも何とかしなければ」という強い思いが伝わってくる。

　これからは、何とか団地内外の居住者・市民と一緒にあるいは、若年層に引き継ぎながら、また、新たな道を探りながら、進めていくことになろう。表現の方法は異なっていても、文化活動はいつの時代も必要で、地域の暮らしの中から必然的に出てくるものであるから。

［参考文献］
本書全体を通じて、以下の拙著（編）（いずれもクリエイツかもがわ発行）を末尾に書いた出版年で（序章2008）などと略称している。
1）『団地再生　公団住宅に住み続ける』2008.9
2）『UR団地の公的な再生と活用　高齢者と子育て居住支援をミッションに』2012.11
3）『マンション再生　二つの"老い"への挑戦』2013.10
4）『団地と暮らし　UR住宅のデザイン文化を創る』2015.12

第 **1** 部

香里前半のコミュニティ活動

第 1 章

モデルとしての
香里団地

1-1. 前史は兵器工場

1 ｜ 火薬工場としての再利用を巡って

（1）戦前

　150ha もの広大な香里団地の主要部分は、戦前の旧日本陸軍の兵器廠、つまり兵器や爆弾を製造する日本でも有数の大工場敷地であった（正式名は「東京第二陸軍造兵廠香里製造所」（本書では香里兵器廠）で 1942 年、宇治火薬製造所（注1）から独立）。戦時中は日本一の火薬製造所で、現在の JR 線「星田」駅から香里団地の「桑が谷」あたりまで引き込み線があった（この引き込み線と周辺の労働者の宿舎は香里団地の住宅建設着手時にも残存し使われていた。その結果、E 地区での住宅建設が遅れて最後になった）。工場では 1 万人も働き、

注1　西山夘三氏（本章、第4章）も軍の召集を受け、文献10によると1938年1月から宇治火薬製造所に勤務。東京の陸軍火工廠で、設計した宇治火薬製造所建物の現場監督として3年間宇治で下宿生活をしている。その頃、この香里兵器廠の配置基本設計にも携わったものと思われる。
　なお、（本章1-2）で述べるが、西山氏は、香里団地の公団案前段の西山研究マスタープランを作成している。香里団地関係では、前史の香里工廠の基本設計、香里団地の当初の配置・建物基本設計、そして、団地再生の初期でのシンポジウムでの講演などで、香里地域のあり方を考えている。奇遇だが、西山氏は全く異なる三局面、つまり香里地域の兵器廠としての開発（1940年頃）、団地の基本設計（1955年頃）、団地の再生（1990年頃）に関与していることになる。

図1-1　JR線「星田」駅からの引き込み線

韓国人や中国人もいたという（香里団地周辺居住者からのヒアリング）。戦時中は、学徒動員として、大阪の泉尾、市岡、明浄の各高等女学校の多くの女性徒が危険な作業に従事していた（第6章）。（図1-1、写真1-1）

　当丘陵地は枚方市都心や周囲の人家からは適度に離れ、地形はヤツデの葉のように幅の狭い丘陵が走り、用地面積も広く爆薬を製造する兵器廠として好条件に恵まれていた。その地形をうまく活用して、半地下式の工場が造られた。また、香里団地のD地区スター型住棟4棟（D37 ～ 40号棟）敷地には、今でも石段の痕跡が残っているが京都愛宕神社の分社があった。火薬工場では当然火が怖いし、"神頼み"として防火の神様である愛宕神社の分社をもってきたとのことだ（戦後、枚方市茄子作の春日神社境内に移設）。

　このようなことから、香里団地内には、今でも兵器廠の遺跡・遺構が数多く残されている。「建て替え」前までは、兵器廠の建物がUR管理事務所や公設市場として使われていたが、団地センターの商業施設等の「建て替え」に伴い除却された。現時点で残っている建築物としては、団地西端 妙 見山にある兵器廠の工場煙突と団地センター東側にひっそりとある診療所（保坂小児クリニック）のみになった（写真1-3）。また旧日本陸軍建物の基礎一部分、境界杭石柱や屋外の工作物の一部分などが団地全体に散在、現存している。

写真1-1　奥の中層住宅はB地区。手前はE地区で香里兵器廠従業員住宅がまだ残っている（1960）

（2）戦後

　香里団地の敷地一帯は、戦後の一時期、大蔵省が所管し工場は遊休の状態で放置されていた。

　当時の初代寺嶋枚方市政（1947 ～ 1955）は、この香里兵器廠を平和産業に転用させようと考えていた。

　ところが、まずは小松製作所から大蔵省宛の払い下げ申請が出された（1951）。また、旭化成、大日本セルロイド、日本化薬の三社も火薬関係製造の工場に転用すべく申請を行った。

　一方、市民の間には、朝鮮半島を巡る国際的な対立を背景に、1939年に起きた枚方市内の禁野火薬庫の大爆発の経験や、小松製作所が兵器を製造するのでは、という噂が広まったりしたことで、兵器製造所開設反対の気運が高まり、兵器工場・火薬工場再開反対の運動も起こった。枚方・寝屋川両市にまたがる広域の香里地区住民も、「旧香里火薬製造所活用反対同盟」を結成し市民大会も開いた。

写真1-2　けやき通りから、建設後間もない
B地区住棟

写真1-3　保坂小児クリニック　香里兵器廠
の建物を再利用（2004）

　これら香里地区開発への賛成企業や反対派市民の動きを受け、枚方市は「平和産業としての再開を要望しており、危険物の製造は絶対反対する」と市議会で決議した。これらを背景にして、市長は大蔵・通商産業の両省や衆・参両院に説明し、文化施設、病院、住宅・商店そして工場や果樹園・公園などを誘致する計画書を提出した。国としては、朝鮮半島情勢を反映して軍需工場の復活もありえるとの判断であった。また、火薬製造関連といえども、民間払い下げにより市の税収が増え失業対策にもなることから、市議会でも民間会社誘致賛成派も多かった。

　以降、火薬関係の民間会社を誘致するかどうかで賛成・反対の運動のつばぜり合いが続いたが、最終、地元市民の猛反対が大きく、1953年3月、香里兵器廠の民間による再開はせずに火薬工場誘致運動も収束を見た。

　また、敗戦により製造所は閉鎖したが、香里地域の人口増加に対応して、1946年9月香里兵器廠の一部に香里国民学校（後の香里小学校）が開校した。今は建て替わっているが、当時は香里兵器廠の建物を使用していた。

2 ｜ 兵器廠跡地の平和利用へ

　1953年10月、枚方市は都市計画審議会を開き、旧香里団地兵器廠跡の140haを住宅、商店街、学校、公園などに転用する10か年計画を立て、大阪にある大蔵省近畿財務局に払い下げ申請を行った。また、前記「反対同盟」や香里園在住の知名人や市会議員による「香里園文化団体連合会」は、1955年3月、赤間大阪府知事に対し早急に払い下げを受けて、文化・住宅施設を建設するよ

う陳情した。

　この1955年といえば、公団設立の年だ。7月に日本住宅公団が設立されることになり、タイミングよく公団が香里と禁野の両兵器廠を住宅団地として利用するべく手を上げることになった（禁野地区は、「中宮第一団地」350戸と「中宮第二団地」600戸。1957年入居）。

　このような香里団地の建設前史をみるにつけ、危険でかつ戦争を推進する大きな役割をもつ兵器や火薬の製造工場から、住宅団地という正しく"平和のとりで"へと大転換したことがわかる（注2）。その際、1950～53年の朝鮮半島緊張を背景に危険な軍需工場を誘致する力に対し、地域の住民や市民が立ち上がり、一致団結して反対した運動の存在が大きかった。

1-2. 西山研のマスタープラン

1 ｜ 京大西山研究室

　初期の公団時代には、香里団地ほどの大規模団地（香里団地は住宅戸数のみならず生活関連施設も多いことから"ニュータウン"とも言われた）の開発・建設事例がなかった。1970年頃の日本列島改造時代に叢生した土木や建築の都市開発や住宅建設・都市計画関係のコンサルタント、そして大手建築設計事務所も数多くは育っていない時代だ。外国のニュータウンや住宅の建設、計画、設計の実態・情報をつかんでいた大学や国の研究機関に頼ることが一番の近道であった。香里団地については公団から京都大学工学部建築学教室西山夘三研究室（西山研）に委託された。西山氏は戦前から、同潤会や住宅営団などで特に庶民住宅を調査・研究し、団地開発や団地空間そして住宅計画に関して造詣

注2　これからの団地での暮らしを考える時、その地域のもつ「場所性」や歴史の正しい把握も大事だ。香里団地の前史は香里兵器廠でもあり、その歴史的な事実を知っておきたい。また、そのためには絶えず歴史を振り返り、歴史から正しく学ばなければならないと考える。従って、歴史的な遺跡・遺物、各種資料は、正確に調査し残しておくことも不可欠だ。

が深かったことが、公団の目にもとまった。また、当時西山研究室においては、大学院や研究生スタッフも豊富で、盛んに研究も進んでいた。

　このようなことで、公団は、1956年のはじめに開発マスタープラン（MP）立案を西山研究室に委託した。今では考えにくいが、約1か月という非常に短期間の検討期間で、京大の農学部造園学科と工学部土木工学両学科の支援を受けながらまとめ上げた。当時西山研の博士課程に在籍していた絹谷祐規氏をはじめ、巽和夫、吉野正治、三輪泰司、足達富士夫、早川和男といった大学院生メンバー諸氏が実質の作業を行った（注3）。西山氏をはじめ、すでに多くが故人となったが、各氏が住宅・まちづくり分野でリーダー的な研究者・教育者として、あるいはまちづくりコンサルタントOBの重鎮として活躍している。西山氏直弟子第一世代メンバーの充実ぶりが垣間見える。（図1-2）

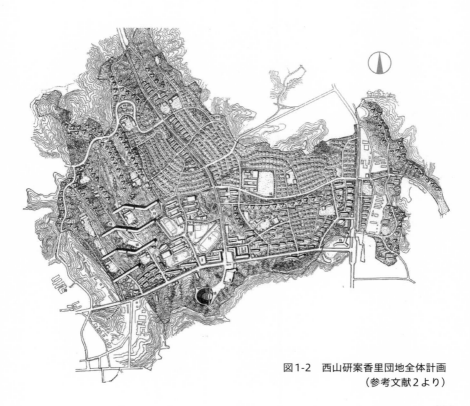

図1-2　西山研案香里団地全体計画
（参考文献2より）

2 ｜ 西山研の提案コンセプト

（1）基本理念

西山研MPの基本理念の概略は、

1　自然環境を大事にして、可能な限り残す
2　公園緑地を大きく取り維持管理の方法も考える（注4）
3　教育施設を充実させ、南部枚方の中心とする
4　公共サービス施設の完備
5　魅力的施設として、市民劇場、野外劇場、老人ホーム、遊園地、山林と結合した公園の提案

であった（文献2）。

　西山研案の 1、2 の自然環境を残し、公園緑地を大きく取り、そして、街路形態などのインフラについての基本的考え方は、公団最終案にほぼ生かされている（文献4）。3 の教育施設面から南部枚方の中心にするというところは実現できていない（例えば、開成小をモデル校とはしたが）。また、4 の公共サービス施設については、その多くが実現していった。

　1958年の入居が始まって以降、問題になった保育所と幼稚園の設置については、西山研の施設計画には描かれ（文献2）（注5）、また、1957年の公団計画案でも香里団地全体として、幼稚園と保育所の区別はないが、合わせて10か所必要とされている。しかしながら、現実の入居以降の事態推移を見ると、これらの整備が十分とはいえない。これについては第4章で、保育所・幼稚園の

注3　三村浩史氏（当時京大の学生で西山研所属）がインタビューに答えて、公団から西山研に香里団地の基本設計を委託され、番頭格の絹谷氏がリーダーとなって進めたことが書かれている（文献9）。また、第4章で述べるが、巽氏はURによる「団地再生」においても、「香里団地再生グランドプラン」づくりの委員会を主導している。
注4　公園緑地の管理に関しては、団地居住者が住んでいる住宅の周辺緑地を、花壇や菜園にして居住者に維持管理してもらうべく、園芸指導を提案している。居住者の屋外の公園・緑地管理への参加提案として注目される。第5章5-3で述べるが、60年後、D地区D51棟周辺でこの香里団地居住者とURによる屋外の園芸コラボの提案が実現している。

開設運動が大きく盛り上がったことを詳述する。

（2）住棟配置計画

　公団からは、1956年当時、合計6,000戸の住宅（戸建て分譲宅地1,000戸、テラスハウス2,000戸、中層住宅3,000戸）の住戸数を全体敷地に配置するという条件が提起された。しかし、西山研の最終案は、戸建て分譲宅地553戸、テラスハウス714戸、中層2,124戸（板状528、ポイント1,596）で、高層1,400戸と単身住宅150戸を含めても、総計4,791戸とかなり少なかった。

　香里地区は、全体が丘陵地で尾根と谷が多い。これらを跨ぐかたちで高層住棟を配置し、結果、自然の地形や緑などの環境を残すことを重視している。当時西欧諸国では結構見られたが、ダイナミックな高層住棟配置の提案であった。中層住棟については、ポイント住棟（ボックス型、スター型合わせた住棟型）を尾根に沿ってかなりの割合配置している。これも山をできるだけ削らないでおこうという配慮であった。

　結果的には、公団は基本的にこの西山研の提案を受け入れた（注6）。

　文献4によると、住建部門の案は公団住宅3,400戸、分譲宅地1,400戸の計4,800戸（想定人口約2万人）の計画であった。戸数を計1,000戸減らすこと

注5　西山研案では、乳幼児施設について、居住者には共働きが多いであろうことを想定して、近隣分区（案では約400戸単位）ごとに乳幼児の施設を一か所ほど考えている。この施設では児童公園、保育所、幼稚園を一括した乳幼児センターとして、遊戯指導、公園管理も含め一元的に管理運営することを狙っている。

注6　絹谷氏が、文献11の263p「香里団地の教えるもの」（国際建築1959年4月号掲載論文を文献11に収録）に、マスタープランの重要性を訴えている（「Ⅰマスタープランの重要性を認識せよ」の項目）。絹谷氏は香里団地のマスタープランにおいて、西山研案の提出後、公団の手で西山研案をベースにしながら、何度も改変されていることに関して、「そう簡単に変更すべきものではない」としている。また、公団内での部局間含め、内部当事者間での徹底的な討論が不可欠であることも指摘している。その通りだと思う。

ただ、当時、公団としてはこれだけ大規模のいわばニュータウンの開発あるいは住宅計画の経験はなかった。公団内部で右往左往せざるを得なかったと理解したい。むしろ、西山研案の骨格部分についてはほぼ実施マスタープランとして採用したことを評価したい。

で、より一層屋外施設や公園緑地部分への空間的ゆとりを生むこととなった。ただ、尾根同士をつなぐ巨大な高層棟群の案はなくなり、西山研MPにあった"香里団地の大景観"が大きく変わった。

（3）施設計画・配置の特徴

「市民劇場、野外劇場、老人ホーム」を西山研案では「魅力的施設」として例示されている（図1-2）。市民劇場と野外劇場については、公団の案には全く出てこず、カットされている。施設の計画内容が理想に走りすぎて、公団の計画、設計陣あるいは管理部門を十分説得できなかったのではなかろうか。

もし市民劇場、野外劇場が実現しておれば、完成・入居後に香里団地で行われ、ずっと継続している自治会主催の毎年恒例の夏祭りやコンサートなどに大いに活用されたことであろう。香里団地自治会が解散し、地区ごとの自治会になっても、団地全体としての各種イベントには、今でも数千人が集まって盛り上がりがある。このような時にも活用されただろうと想像できる。

また、今でこそ高齢者の福祉施設整備は常識的だが、この1950年代に老人ホームの提案があったことは驚きだ。しかもこれは実現している。ただし、公団は敷地提供のみで社会福祉法人による開設ではあるが、関西でかなり早い時期に特別養護老人ホームが開設されたことになる。

1-3. 実施マスタープラン

1 ｜ 事業について

香里団地の街路・公園・緑地、供給処理といったインフラ関係は、公団内の担当でいえば、住宅建設部門内の宅地部による土地区整理事業によって事業化された。

当時の公団は住宅建設部門と管理部門による事業が主であったが、何分、各大都市圏で早期に大量の建設が至上命令であり、肝心の住宅建設用地をどのように手当てするかが大きな課題であった。そのための事業組織として、公団発

足時（1955）本社には計画部（管理課、賃貸住宅課、分譲住宅課）、建築部（工事促進課、設計課、調査研究課）と並んで、宅地部（企画課、工事課）がつくられ、団地にふさわしい宅地の取得と開発事業を担当した。建設戸数が急速に増加し、そのために多くの広大な土地が必要とされ、民間の土地だけでなく国有地や公有地も用地選定の対象になった。またその開発に当たっての事業手法などの検討もすすめられた。

2　マスタープラン（MP）

（1）宅地部による事業計画

香里団地は公団（担当は宅地部）施行の土地区画整理事業として、1956年9月に造成工事に着手し、翌年12月に賃貸住宅工事着工、58年11月には入居開始、と超スピードで進んだ（区画整理事業施行期間は1956 ～ 1962年）。

当時の日本では経験のない大規模団地開発で、着工から完成まで時間がかかる。また、同時に計画や設計についても未知のことが多く手探り状態であった。MPの基本のインフラ関係などは確定しても、早く建設せねばならぬという、ゴールの時期が決められていた。また、ネット（道路や施設関係を除いた住宅のみが建設できる敷地）部分の住宅戸数や宅地分譲の計画については、住棟選定や戸数配分も含めて揺れ動いている状況にあった。（図1-3）

（2）住戸配分の計画

上記の宅地部案をベースに住宅建設の戸数最終案は住建部門がより詳細に決める。

地区別賃貸住宅戸数の最終案は、A地区：889、B地区：1,100、C地区：754、D地区：1,504、E地区：634で計4,881戸（E地区を除く各地区の店舗付住宅46戸含む）と5,000戸規模に落ち着いた（賃貸住宅についてはこの案以降、「建て替え」前まで全体戸数の変化はない、図1-4）。ただ、戸建て宅地分譲792戸をはじめ、特定分譲住宅（社宅など）1,005戸や公務員住宅等468戸、そして公団普通分譲住宅174戸を含めると、総計7,320戸と香里団地全体としては、かなりのボリュームとなった。

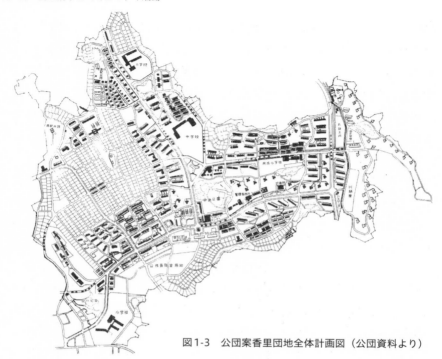

図1-3　公団案香里団地全体計画図（公団資料より）

　また、地区別の賃貸住宅を管理開始時期別にみると、1958年にはＢ地区を中心に1,109戸、59年度にはＡとＣ地区の計1,448戸、総計2,557戸と2年間で全体の過半数の供給が終わっている。そして、4,881戸の住宅供給が1967年までのわずか10年で終了している。当時の短期間での供給量のみならず、それに対応する需要が期待できるという、今では考えられない住宅需要の分厚さがうかがわれる。

　住宅の種別でみれば、中層のフラット型住棟を幹線沿いに、高台には同じく中層のボックス型とスター型を採用し、斜面地には低層テラスハウスも多用している。また、Ｃ地区において2棟12戸であるが、4寝室型（専用面積77㎡）の住宅を実験的に建設・供給している。1〜2寝室（専用面積約35〜50㎡）がほとんどの住戸配分計画で、将来の規模拡大への需要に配慮したという。
　また、西山研案にあったような巨大・板状・高層住棟は結局実現していない

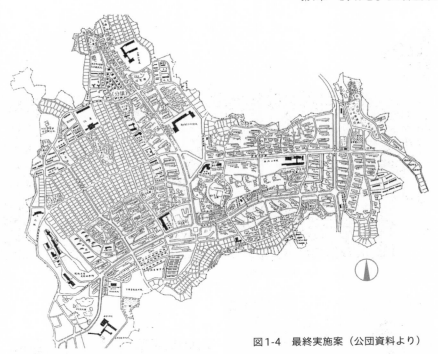

図1-4　最終実施案（公団資料より）

が、後に（最後の建設1967年度）中央の地区センター西側に高層住棟1棟（ツインコリドール型10F、D50棟）のみ建設された。（写真1-4〜1-6）

（3）豊かな屋外空間

　公団のMPは、西山研案を受け入れながら、小高い丘と谷をうまく活用し、自然の地形を生かした設計となっている。敷地が全体として丘陵地であるが、山と谷が複雑に入り組んでおり、それらを極力残し活用しながら、公園や緑地も地区面積の9.1％も取り入れられた。ゆったりとかつ幅広の街路体系や、今ではとても実現しないだろうが、ふんだんに確保した公園・緑地の豊富さは他の団地を圧倒する。このようなインフラ系もさることながら、"あんこ"部である住宅地もゆったりと、これも地形に合わせ、中低層の住棟を配置した。結果、天空率（空をあおいで、空の空間がどれだけあるか）が高く、それだけ屋外空間の豊富さを示している。

写真1-4　星型（スター型）住宅（1993）

写真1-5　左・香里中央公園からＡ地区住棟群方向をみる（1960）
　　　　　右・テラスハウス群をみる（1993）

　街路体系は、緩やかなカーブを描きながら団地外部につながる。特に団地を東西に貫く中央幹線（香里中央線、幅員20m）には、植えられたけやきが大きく成長し、枚方市による「枚方八景」の1つにも選定されたほどだ。今や、生い茂って"けやき並木のトンネル"になっている。また、街路幹線ごとに植樹に特色を出し（桜、ポプラ、銀杏など）歩道も幅広くとられ、ゆったりと買い物や散策が楽しめる。

　また、団地周辺の住宅地化もさらに進んだが、香里団地内の街路幹線のもつ

写真1-6　トップセンター越しに、職員住宅（ボックス2棟）、E地区、さらには京都南部の
　　　　山が望める（1993）

キャパシティは十分であった（当初公団MPのゆとりの1つであり、後の再生
MPでも街路体系はそのまま手を入れずにそのまま継承されることになった）。
　香里団地は近隣住区理論からいえば、団地の境界を無視して変則的ではある
周辺含め4つの街区に分けているところが特徴でもある。街区は小学校区が単
位であるが、団地内の開成小学校、五常小学校、香里小学校と団地外の香陽小
学校だ。また、中学校は団地内の第四中学校と団地外の第二中学校で、合わせ
て4つの街区と2つの住区で構成されている。

（4）特徴ある関連施設
　公団でも当時ではこれだけ大規模の団地計画は経験がなく、手探りの面が
あった。同時に、東洋一のニュータウンとして、外国の諸ニュータウンに"引
けを取らない"先進的・先導的な団地としたい、あるいは日本では先陣を切る
というという公団内外の設計陣の意思が働き、新たな施設や計画が実験的な面
も含め取り入れられた。その中で香里団地の特徴的な施設のみを紹介する。

●スーパーマーケット

　日本全体でもスーパーマーケットのはしりが、香里団地に「大丸ピーコックストア」として1960年9月にオープン。香里団地の社会的な評判を高める一要因となった。香里後半、団地の「建て替え」に伴い、地区センターの再開発が進み、現地の東隣に平屋として移転・建て替え、開設している。（写真1-7）

●特別養護老人ホーム（特養）

　現在では、特養の開設は当たり前になっているが、50年も前のことであり、先見性が認められる。香里ヶ丘8丁目にあった（1969年に設立）が、現在は規模を拡大して「建て替え」残地（香里ヶ丘3丁目）に新築・移転している。

●以楽苑

　香里団地内で社宅や寮をもつ企業グループの香里ヶ丘環境美化協会からの寄付を受けた7,800㎡の公園。香里団地内北部、五常小学校の南に隣接している。作庭家重森三玲による設計で1961年4月に完成した。もともとあった自然の湧水する池を利用した、純日本式庭園であり、野点のできる白砂の広場や州浜、材料も一流であった。しかし、今はフェンスがめぐらされている。現在は枚方市の管理となり、1994年には補修を完成し説明板として石碑も設置されている。（写真6-2 ▶175頁）

●香里兵器廠の建物活用

　現在の香里ヶ丘4丁目のバスロータリー付近は香里団地の中心であり、団地のセンターが計画された。しかしその実施が思うように進まず、一方では、1958年のB地区での最初の入居が予定されていたことから、東側の住区センターを先行させることになった。

　香里兵器廠として使われていた堅固な建物群も残っていて、それらをそのままスケルトンとして活用することになった。施設としては、3階建ての建物は、「管理事務所・集会所」棟として1階に公団管理事務所、市役所香里支所、派出所、2階は集会所、3階は管理人住宅となった。また、平屋の建物は、公設市場と診療所として活用された。これらの中で現在でも残っているのは、病児保育で有名な診療所部分だけとなっている（第6章6-3）（写真1-3、1-8、1-9）。

写真1-7　中央が初代ピーコックセンター、その向こうに団地唯一の高層（10階）住宅が見える。右側は戸割店舗とその前がピーコック広場。これらはいずれも今はない（1993）

3 ｜ 公団MPの意義

（1）公的立場だから実現できた

　初期の公団で香里団地がモデル的な意味合いをもち、軍の用地（＝国有地）で安く入手できるということがあったが、これを実現させたのは、公団が公共ないし公的立場にあったからである。言い換えれば、公団全体が公的立場の強い初期の団地であり、「香里後半」のようにコストを徹底して削り、収入である家賃もできるだけ上げるというような、経営方向は全くみられない。

　このことが大きく響き、もちろん計画・設計、施工の各段階での関係者の頑張りが大きかったのだが、香里団地の居住空間として、学会賞受賞につながった^{（注7）}（文献6、図1-4）。

注7　香里団地は1960年、都市計画学会1959年度第1回石川賞（計画設計部門）を受賞した。文献6によると、諌早信夫氏が「自然樹林の保存、特色ある造園、配置計画の工夫等により、住み良い生活環境、四季的にも地域的にも変化があって魅力的景観の団地の創造を意図した。」と述べている。まさしくこの計画や設計陣の思いが評価され受賞となったものと思われる。

写真1-8　旧住宅公団事務所（香里兵器廠の建物再利用）（1960）

（2）西山研の案が生かされた

　現実の仕上がりをみると、結果的には、インフラ関係の街路体系をはじめ、西山研案のコンセプト１、２の自然環境を重視し、公園緑地を多く取ることは実現している。前述したが、再生MPにも生かされることになった。ここのところが、一番肝心なところだ。

　また同コンセプトの後半の３点についても、空間的な余裕があるから（リザーブ用地というか）、後々の施設整備が可能になるという好結果も生みだした。5番目の、「魅力的施設」は、公団では結局できなかった。ただ、「遊園地」は近くにひらかたパークがあり、「劇場」は京阪枚方駅前に市民会館ができ、述べたように「老人ホーム」は特養として社会福祉法人が早い時期に開設した。

　このように、実現していない部分があるとしても、骨格的には西山研のMP案は取り入れられたとみることができる [注8]。

写真1-9　旧公設市場（香里兵器廠の建物再利用）（2010）

1-4. メディアが取り上げた香里団地

　公団が手がける、戦前にはない新たな大都市での暮らしを提案する大規模団地として、マスコミも取り上げ、やがて市民にもその存在が行き渡っていっ

注8　大久保昌一氏（1926 〜 2014：日本住宅公団を途中退職し、若くして大阪大学の法学部助教授に転職し地方行政論、都市論を研究、教育。法学部長などを務めた。都市計画や都市論への造詣が深い）が、西山研案には、工事費を考える視点が欠けていることを指摘している。つまり、香里団地MPについて、次のように雑誌「国際建築」（文献5）に述べている。
　西山研案を実施した時の工事費について、
・公団住宅用地と宅地分譲地が入り組んでいることで、屋外工事費の負担が増える
・ポイント型の住棟がやたら多いが、これはフラット型（筆者注：羊羹のような直方体の住棟型）に比べ、戸当り工事費が高い
・高層住棟について、景観やデザイン面での配慮は理解でき、山と谷をつなげる考えは評価し、実現したいのだが、コスト面では中層ポイントタイプよりも高い
と述べ、このままでは公団住宅の建設ベースに乗せられないのではと指摘している。
結果からみると、ポイント型住棟は大幅に減り、フラット型が多く、また高層住棟は全く実現できなかった（完成間際に1棟のみ実現）。公団初期、香里団地の建設開始時期にコストを考え、経営判断の重要性を主張したことには先見性が認められる。

た。香里団地内外の文化人、知識人、マスコミ関係者などは香里団地の空間や
社会をどうみていたのだろうか。彼らは、香里団地に住み、来てみて、各種の
メディアを通じ、これまでになかった新しい都市住宅の空間と暮らしなどの生
態を社会に発信した。超大型の千里ニュータウンや多摩ニュータウンなどは別
にして、これほどメディアに取り上げられた団地はない。

　香里団地での暮らしが、それまでの農村だけでなく、都市圏での一般の暮ら
し方とも大きく異なり、これからの日本の大都市での暮らしをイメージさせる
モデルであった。また、千里、多摩などのニュータウンよりも一足早く計画が

団地に居住した訪問した文化人等	
居住	藤本義一、浜村淳一、津本陽、その他本書に取り上げた教員・文化人・学者等
外国からの訪問	サルトル、ボボワール（多田道太郎氏の招きで）、デビッド・リースマン（加藤秀俊氏の案内）、R・ケネディ（米国司法長官）、ソ連建築委員会、ロバート・フラー（米国俳優）
文学（小説、評論）	
文学	野上房雄『つづり方兄妹』1958、理論社：映画（コラム3）とともに著名。
	黒岩重吾「石の巣の餌」1963.6「文芸朝日」：香里団地をモデルにした殺人事件。この規模であれば、団地居住者からの票で市会議員に出ることが可能で、市会や議会議員などが利権に絡んでの殺人事件などわかりやすい。実際に香里団地でも団地から多くの市会、府会、国会の各議員が選出されている。
	梶山季之「香里ヶ丘夫人」雑誌「婦人生活」1964.3月号、1966、筑摩書房：短編小説。「日本最大のマンモス団地」における主婦たちの生態を描いている。地の「中央通りにショートパンツにサングラス、香里銀座の風物詩」とある。それまで日本には見られなかった集合住宅団地をうまく使っている。
	伊藤たかみ『ミカ！』2006.11、理論社：香里団地に住む男女の双子の話。子ども向きであるが、大人が読んでも面白い。
	内田康夫『白鳥殺人事件』2014.9、光文社文庫：香里団地がちょっと顔を出す。
	黒川博行『アニーの冷たい朝』2020.4、角川文庫：香里団地もちょっと出てくる猟奇殺人事件。
評論	埜沢宏「団地」パール新書：初期の希望に満ちた、また、今までにない新しい"団地族"の暮らしの実態の様々な出来事、エピソードを書いている。
	上坂冬子「香里団地・大阪のベッドタウン」現代の教養第1、新日本地理、臼井吉見編・筑摩書房

進み住宅の入居も早かった。それだけに、日本におけるニュータウンの"はしり"であり、団地暮らしの面でも先鞭をつけたことは間違いない。この頃から、次第に分厚くなる大都市の中流サラリーマン層の居住様式に与えた影響には大きいものがある。

　このあたりが、香里団地が各種メディアに取り上げられ、露出が増えた理由であろう。

　表では、香里団地関連資料から入手した範囲内で、文学、映画・テレビ、雑誌・新聞、そして団地を訪問し居住した文化人たちを紹介している。

1-5. 居住者のプロフィール

1 ｜ 団地の家族集団

　もう、使われなくなったが、特に「公団前半」頃によく「標準家族」という言葉が頻繁に言われた。公団が盛んに住宅建設を行っていた1955 ～ 1980年頃までは、若年層の核家族（夫婦と子ども2人）を供給対象として「型設計」と称して、住宅の計画や設計を考えていた頃の話だ。勤労若年核家族が供給対象のボリュームゾーンであった。その結果、団地の配置設計では、「nDKやnLDK型住宅」を何戸配置するかが常に問題になった。今でもその頃に建設された団地では、少なくなってきたが同じような、「羊羹」やら「マッチ箱」と言われた中層住棟群が、"並んだ並んだ"の風景をつくっている。

　このような中層階段室型住棟住の住戸に住んだ若年核家族は、第5章の居住者の声などからもわかるが、ほぼ同じ階層であり暮らし方も似ている。団地から、夫は都心の職場に通勤する、専業主婦の妻は自宅で家事・育児に追われる。親が近くに住んでいればいいが、多くは親元を離れて団地に住んでいる。そうなると、働く主婦は当然保育所が不可欠になる。夫婦ともども学歴は高卒・大卒などで、所得階層も結構上であり、暮らしていくうえで、要求は多種多様であり高度だ。例えば、保育所・幼稚園そして交通など生活関連施設や環境への

3 コラム　映画「団地親分」と「つづり方兄妹」

●団地親分

1962年（昭和37）、松竹映画、市村泰一監督。脚本は当時売れっ子の花登筐。

内容は、やくざの大親分（伴淳三郎）が自分の娘から、時代に合わず世間体もあって、堅気の仕事に就くように強力にすすめられ、大親分以下やくざたちが団地に引っ越しする。そこでの、文化人気取りの団地居住者との詐欺事件などが絡むどたばた喜劇だ。ドラマの中で、かつてのやくざ連中が文化人になりきれず、また住むだけで文化人と言われた当時の団地社会を皮肉っているところに面白さがある。

森繁久弥が刑事役で主演し、当時の東西のコメディ俳優が総出演の雰囲気。初期入居直後で全体は建設途上の香里団地でもロケされている。劇中、やくざ役の芦屋雁助と芦屋小雁が団地に初めて来て、「団地はまるで刑務所だ」と言ったり、給水搭を見て「監視塔もある」と会話するシーンがある。集合住宅や団地が珍しい時代だけに、受け止め方が面白い。

また、当時香里団地に実際住んでいたある居住者の話では、この映画の撮影が行われ、団地のメインストリートである「けやき通り」に撮影用のカメラを移動させるためのレールが敷かれ、人だかりができた想い出があるとのことであった。今でも、次の「つづり方兄妹」とともに、香里団地で上映会が実施されている。

●つづり方兄妹（小説と映画）

1960年代頃に子ども期であった高齢の方々の多くは、「つづり方兄妹」という本や映画を懐かしいと思われるのではなかろうか。戦後台湾から引き揚げ香里小校区の東香里に住む野上丹治、洋子、房雄三兄妹の作文作品集名である。この本に掲載された作品以外の作文も含め、新聞のコンクールに入賞し、注目された。毎日出版文化賞も授与された。

「つづり方兄妹」には香里ヶ丘地域で戦争直後の家族や地域の暮らしが生き生きととらえられ、また、苦しいが暮らしを見つめ、明るく素直に成長する三兄妹の様子が描かれ、戦後の高度経済成長期に向かって進む多くの日本人に勇気と希望を与えた。

東映映画にもなり、望月優子、香川京子、森繁久弥、音羽信子といった有名俳優陣もラインアップ。房雄役は当時小学生だった頭師孝雄が演じ、1958年に封切られた。香里ヶ丘の風景は、香里団地建設直前の様子もとらえていて貴重だ。

要求などだ。当時は空気、水・下水、騒音、工場廃棄・排出物等公害反対も強かった。同時に、文化的な要求も高く、読書会のサークルを始めたり、子どもの絵本を読むグループも出たり、公立の図書館開設の運動も始まった。

　全国の大都市圏での公団賃貸住宅で、居住者が集まって自治会を結成し、また文化活動の輪も広がっていった。

2 ｜ 香里団地居住者プロフィール

　では、実際には香里団地にどのような家族が住んでいたのだろうか。

　今の香里団地居住者とは大きく異なっていることは想像つく。一言で言えば、「団地族」(序章注5)だ。その団地族が香里団地にも集住したわけで、第2章と第3章で述べるコミュニティ活動を支えていた。以下その香里団地の1960年初期の居住者のプロフィールを概観する。

　ここでは、大学の研究者と香里団地自治会などが1961年に行った調査の報告書(文献8)から、当時の香里団地初期居住者のプロフィールをみていく。調査は1960年に(A、B、C地区3,000戸)から2割ほどサンプリングし、世帯主を対象にしている(回収は500名弱、回収率87%)。

① 夫 婦 の 年 齢

　男性「25〜34歳」で7割、女性「20〜29歳」で7割弱と圧倒的な若年居住者群。特に30歳代前半の男性と20代後半の女性で4割を占めている。モデル的には30代の夫と20代の妻という結婚後間のない若年夫婦群がボリュームゾーンを形成している。当時の香里団地の居住者の家族年齢構成は、今や日本のどこの地域でもみることのできない特徴をもっていた。

年齢(歳)	20〜24	25〜29	30〜34	35〜39	40〜49	50〜59	60〜
男性(%)	0.4	30.3	39.4	15.8	5.7	5.3	2.7
女性(%)	25.8	42.6	19.4	7.6	1.7	2.1	1.3

注：初等教育：新制中学卒業、　中等教育：旧制中学・新制高校卒業、高等教育：大学以上

② 家 族 員 数

　「子どもなしか1人」(家族員数2人と3人)の家族が72.6%と圧倒的。上記の夫婦年齢とあわせると、幼児1人までの若年家族がイメージできる。「子ど

も2人」（家族員数4人）家族を合わせると9割にもなる。

家族員数	2人	3人	4人	5人	不明
香里団地（%）	31.0	41.6	16.1	8.9	2.4

③教育程度

　比較の対象が東京23区であるが、香里団地に入居した夫婦の受けた教育の高さがうかがえる。特に、高等教育つまり大卒以上が男性でなんと7割と突出、女性でも4分の1と高学歴だ。また、女性も高校卒でいえば、これも7割近い。

	性別	初等教育	中等教育	高等教育
香里団地	男性(%)	4.2	26.1	69.3
	女性(%)	6.9	66.7	25.5
東京23区	男性(%)	39	34	27
	女性(%)	46	46	8

④職業構成

　まず、男性でみれば、「管理的職業、専門・技術・事務的職業」で9割を超えている。対してブルーカラー層系は、1割もない。圧倒的にホワイトカラー層だ。それに対して、女性はこれも9割以上が「主婦・学生」で、おそらく専業主婦群であろう。ホワイトカラー層といっても、男性従業先の規模でみると、従業員1,000人以上の大企業従事者が半数近くに上る（報告書による）。

	性別	管理的職業	専門・技術・事務的職業	販売・サービス	生産工程従業者・労働者	主婦・学生
香里団地	男性(%)	26.6	64.6	3.8	2.6	0
	女性(%)	1.3	7.4	0	0	91.0
東京23区	男性(%)	7.0	23.0	21.4	48.5	0

⑤月収

　団地居住者の世帯主月収（手取り）についてみると、一般の東京都民は「4〜5万円」が2割に対し、5割となって、中堅所得層の多さを物語っている。逆に、東京都民の「3万円まで」が7割に比し、4割であり、香里団地居住者は月収ではワンランク上であることがわかる。5万円を超えると、東京都民との違いはあまりない。

	2万円まで	3万円まで	4万円まで	5万円まで	6万円まで	7万円まで
香里団地	2.8%	37.2%	39.0%	12.7%	5.9%	2.2%
東京23区	69.9%		20.0%		10.2%	

⑥ 満足度（表にはない）と継続居住意志

　報告書によると抽象的だが、「団地生活は満足か」という「満足度」について、表にはしていないが、男女各々63.6％、と68.0％となっている。つまり過半の居住者が今の団地生活に満足しているということだ。ただ、男40歳以上、女30歳以上と年齢が上がると満足度が下がる傾向がみられるという。おそらく、子どもの数が増え、小、中と学年が上がるにつれ部屋数と住戸面積の狭さがネックになってくるのではと推測される。

　表の「継続居住意志」についてであるが、1.と2.を合わせると、男、女それぞれ44.7％、52.8％と出ている。早く移りたいは20％程度であり、圧倒的な居住者は、香里団地の環境や立地などを評価し、将来は別にしてしばらくは住み続けたいと考えている。

継続居住意志	男	女
1.できるだけ今の団地生活を続けたい	8.3％	10.8％
2.ある程度続けるつもりでいる	36.4％	42.0％
3.今のところ続けるほかない	26.5％	25.6％
4.できるだけ早く移りたい	22.2％	19.0％
5.その他	3.3％	2.6％

⑦ まとめ

　結果は、居住者は典型的な団地族で占められていることがわかる。居住者のイメージは、30代前半の男性で「大卒ホワイトカラー」（半数近くが大企業勤務）、20代後半の妻で「高卒」専業主婦、子どもは「ゼロもしくは1人」、収入階層でみても「中間層」といったところである。これらの属性をもった集団が、一時期に大挙して香里団地に来住し、居住していたことになる。

　これらの居住者たちは香里団地での暮らしをいかに豊かなものにしていくか、入居して不満や要求をどのように具現化していくか、考え始め行動を起こしていった（第2章、第3章）。

　そのコミュニティ活動の活発さの源泉がこの居住者のプロフィールにも求めることができるのではなかろうか。

　また、この頃の居住者は、戦後の日本の大都市での分厚い中間勤労者層を形成し、経済活動を進めて、世界第二位のGDP大国へと押し上げてきた集団で

もあった。ところが、60年経た現在は、そのプロフィールが驚くほど様変わりしている（第5章）。どう考え、どう対処すべきか問われている。

［参考文献］
1）枚方市史編纂委員会『枚方市史　第五巻』昭和59年3月31日
2）雑誌「国際建築1957年6月号（VOL.24、NO.6）」31 〜 42頁、「香里団地計画」（京都大学西山研究室）
3）京都大学西山研究室・住宅公団「香里団地　計画説明書」1956.2
4）公団大阪支所計画部住宅企画課「香里団地施設建設全体計画書（案）」1957.10
5）大久保昌一、雑誌国際建築「香里団地の設計と建設　マスタープランの辿ったみち」1959年4月号（VOL.26、NO.4）55 〜 56頁
6）諫早信夫、都市計画学会誌100号「都市計画100」32 〜 35頁、「第Ⅲ章　学会賞受賞作品の計画意図と事後評価住宅、1香里団地の計画意図と事後評価」、1978
7）公団大阪支所計画部住宅企画課「香里地区建設計画案」1957.8
8）日本住宅公団建築部調査研究課「アパート団地居住者の社会心理学的研究（そのⅡ）―地域差の分析を中心にして」1961.9
9）高田光男、雑誌「hiroba」2003年5月号「西山研のニュータウン計画」14 〜 17頁
10）西山夘三『住みかたの記』私家版、57 〜 58頁、1965
11）絹谷祐規『生活・住宅・地域計画』勁草書房、1965

第2章

全国に名を馳せた
自治会活動

2-1. 枚方市の文化・社会教育政策

1 ｜ 枚方市の革新性

　枚方市役所を訪れると、「非核平和都市宣言」「人権尊重都市」の看板を見かける。

　枚方市が、1947年8月に誕生して70数年になる。当時関西圏諸都市において革新自治体はまだかぎられ、京都府の蜷川府政（1950）より先に、革新市政が実現した。初代市長寺嶋宗一郎（社会党、初代と三代各々2期ずつ計16年間）から1995年の保守系市長の出現までのおよそ半世紀は、平和を重視する革新市政下にあった。

　団地での暮らしを豊かなものにするには、とにもかくにも平和でなければならない。
　日々の平穏なゆったりした家族・近隣・コミュニティの実現には平和が欠かせない。戦後の高度経済成長期前夜の1955年に設置された公団の団地は平和の象徴でもあった。団地の初期に来住し住み続けてきた居住者は、各地で平和をベースに豊かな暮らしをどのように創り上げるべきか、議論し実践してきた。特に香里団地においては、戦時の兵器や火薬を製造していた工場跡地を利用しているだけに、平和へのこだわりは強い。大規模の香里団地でのコミュニ

ティ活動を考えるうえで、枚方市の革新的な社会教育関連や文化の諸政策との関わりが小さいはずがない。

　市民の暮らしを第一義的に大事にした市政を実施するのが革新自治体である。社会や文化教育、幼児保育や教育、児童福祉、婦人の社会的活動、自治体のあり方など、団地居住者、市民、枚方市関連の職員などはお互いひざを突き合わせ、議論をよくした。「枚方市史」（第1章文献1）を読んでいけばその当時の様子がわかる。

2 ｜ 枚方市の四施策

　以下、香里団地でのコミュニティ活動に影響を与え、あるいは逆に香里団地のコミュニティ活動から学んだと思われる、市施策の4項目についてみておきたい。

（1）枚方テーゼ（注1）

　1950年代から1970年代、日本は高度経済成長期。大都市圏に人口が集中し、結果、社会や地域が大きく変わり、生活水準は向上したものの、社会・環境・教育などの多様な問題も生じてきた。枚方市でも同様であったが、いち早く「社会教育」にも取り組んだ。市民からみれば、社会学習であり、戦後の民主化の高まりも反映して、労働組合などとともに憲法を学習し、権利意識や住民自治も学んでいった。そして、日本中を巻き込んだ安保改定反対運動も盛り上がっていた。

　このような背景の中、市の教育委員会社会教育課で議論の上、1963年に市の方針を小冊子「枚方の社会教育」の5冊にまとめたが、その2冊目が「社会教育をすべての市民に」であり、第1章「社会教育とは何か」で社会教育の定義づけがなされている。それが、「枚方テーゼ」と呼ばれるものだ。

注1　テーゼとは、政治運動などで運動の基本的な方向・形態などを定めた方針ないし方針書（大辞林、三省堂）。

　社会教育の定義については以下の6項目、つまり、社会教育とは、「主体は市民」「国民の権利」「本質は憲法学習」「住民自治の力になる」「大衆運動の教育的側面」「民主主義を育て・培い・守るもの」と謳っている。近年はこれらの理念がとかく見失われがちだが、1960年代の憲法を中心とした、社会教育の意義が市民社会に染み込んでいった様子がイメージされる。この小冊子は全国の社会教育関係者に伝搬し、受け入れられ、長期にわたって、社会教育の必須文献とも言われてきた。

　また、当時の枚方市では、母親連絡会（1959年結成、年1回の母親大会主催）、婦人民主クラブ（婦民、1961年6月香里団地で枚方支部発足）、新日本婦人の会（新婦人、1963年2月枚方支部発足）などの運動団体が結成され、社会教育団体として認定されたりして市民権を得ている。これらの婦人の団体は府立高校誘致（1961〜62）、保育所設置（1962〜1967）、学童保育設置（1963〜1965）、保育料、水道料値上げ反対運動（いずれも1966）などで、他団体と共闘するなど住民運動や市民活動の主要な部分として活躍した。

　さらに、香里団地では、1958年のB地区の入居を皮切りに居住者が急増し、次節以降で詳述するが1959年には団地自治会、1960年には香里ヶ丘文化会議（第3章）も結成された。この頃、枚方テーゼは、香里団地においても革新的な活動の基本的学習書でもあった。

（2）婦人学級

　枚方市でも大阪市方面に通勤するサラリーマン家庭が増え、家事の合理化、働く婦人の増加、高学歴主婦、といった社会条件下で、社会に向け行動する婦人が漸増していった。この中で、1958年婦人学級が開設された。

　この時期は、市の委託事業としても婦人会組織が主体となっていたが、4〜5年経つと、母親連絡会、婦人民主クラブ、新日本婦人の会のメンバーも運営の主体となっていった。婦人学級でのテーマも水道・衛生・税金・社会保障制度など、暮らしだけでなく、市政、自治体問題から教育・憲法の問題などまで幅広く政治・経済の学習が継続された。上記の枚方テーゼの実践として婦人にも受け入れられ、住民自治を学んでいった。

　このような趣旨のもとで、市内各地域で婦人学級が開かれ、例えば香里団地の香里小学区の学級ではより進んでいて、1959年度でみると、交野町に計画された原子炉設置計画、安保条約改定、勤務評定、月ロケットなど、広い範囲での共同の学習が実施された。

　婦人学級は、計画・運営共に学級生が自主的に行う点で大きな特徴を有していた。

　学級数も年々増加し1971年には全22学級による「枚方市委託婦人学級連絡会」が結成された。そして順次、文学、子ども、女性問題、近代史、障害者など、より幅広く学習する場が拡大していき、全国的にも先陣を切っていた。

　その後、学級数も30数学級と増加し、運営上のまとまりがなくなるなどにより、1980年度には「枚方市委託婦人学級連絡会」の活動9年間の幕を閉じた。ただ、このような共同学習が市の教育委員会主催かつ委託事業として行われたことは、今では考えられない。社会や政治の大きな変容を感じざるを得ない。

　また、1980年には、この婦人学級連絡会の有志により、「枚方に市立の公民館をつくる会」も結成されている。そして1982年に枚方市初の公民館が楠葉地区に開設された。人口急増に対応した学校建設が一段落していたことも追い風となったという。枚方における公民館開設のスタートだ。今では、どこにでもあり常識であるが、公民館という婦人の活動のみならず、市民の様々な学習や集会、社会的活動などを実践する場ができた。

（3）区長制度

　戦後、従来の町内会制度は廃止され（1947）、新たな末端行政の補助組織が模索された。

　結果、1957年新たに区長制度が全市的に実施された。その後、住宅公団などによって建設された住宅の戸数急増で新枚方市民を迎えたり、枚方市がベッドタウンとして拡張していき、他市からの流入も増えた。枚方市も大阪都市圏の衛星都市として人口急増の大波に突入していった。住宅が増え団地ができていくと、そこでの自治会のあり方も旧態依然というわけにはいかない。当然区長制度に関しても多様な意見が出た。ただ、区長の役割として、団地居住者や

市民の意見や要望の伝達、地区内の意見調整などもあったが、相変わらず行政の末端機構として、各種行政事務に協力するという位置づけが強かったと思われる。

　香里団地でも市長の要請を受けて、区長が25人選出され全員が幹事となり、自治会組織に組み込まれた（1961年5月、幹事は総勢で150人、自治会会則）。一方では区長は香里団地内での「区長会」を結成し自治会と協力していくとした（自治会新聞〈コラム4▶69頁〉創刊号）。その後、香里ヶ丘文化会議の主導で行われた青空市場（第3章）の是非を巡って、対立が生じ、「区長会」を「区長連絡会」と緩やかな組織に変更したが、それも1961年の10月早くも解散した。

　ただ、市行政の末端組織である区長と居住者の自主的な団体である自治会との間は立場の違いから何かと対立しがちであり、齟齬もあった。特に香里団地のように、ホワイトカラーで高い学歴をもつ若年層世帯や主婦層などは、それまでの慣習やしきたりよりも、理屈や合理性を大事にするからなおさらだ。

　その後、1971年には、市には区長制度に関する審議会が設置され、あるいは専門委員会で再検討も行われた。また、大阪市立大の吉冨重夫氏は、香里団地の自治に関して、「枚方市を101の地区に分けそこに区長を置き、市行政の末端機構としているが（香里団地では25地区）。その区長制と自治会と文化会議の三者のせめぎあいがあった。」のではとみている（雑誌「都市問題研究」1966年号）。

（4）文化祭

　この60年間の香里団地では団地自治会のまとまりがない時にも、団地祭り、秋の文化祭や夏祭り、金魚すくい、餅つき大会などは盛んで、団地をあげて盛り上がる。これは、以下に述べるような、団地が誕生する前における、枚方市の文化政策やその具体策である「総合文化祭」の影響もあると考えられる（会場のひらかたパークから香里団地はごく近いこともある）。

　1949〜51年、総合文化祭がひらかたパークの文化会館（菊人形館）で開催。芸能・絵画・書道・竹細工などの展示や俳句・短歌会などイベントが行われた。菊人形館は、シーズン以外は市民に利用され、公的社会施設として活用された。

1952年には、市から京阪電鉄に譲渡され現在に至っている。これら市の文化行事を契機に、アマチュアの室内楽団、市民合唱団なども結成され、婦人会、PTAなどの協力もあって子どもクラブもつくられた。

　1956年には市内の各種文化団体や労働組合など12団体が集まり、枚方市文化連盟が結成された。また、枚方市教育委員会との共催で市民総合文化祭の取り組みもあった。その12月には、ひらかたパーク大劇場に多くの市民がつめかけ、各種出し物（演劇、民謡、合唱、室内楽、舞踏など）を楽しんだという。

2-2. 香里団地の自治会活動

1 ｜ 自治会活動の目的と組織

（1）"日本一の自治会"

　香里団地自治会^(注2)は団地単一組織として1959年8月に発足（参加数十名）。しかしながら、6年後の65年5月にはまとまりきれずに解散し、地区別自治会の連合体あるいは連絡会になった。当時は全国的に類似事例もなく手探りであった。しかしながら、会員には心意気があり、役員は張り切り組織のあり方についても考え続けた。

　発足当初の5年間は団地居住者の利益増進、会員間での親睦強化を中心に積極的な活動を展開した。また、香里団地自治会の活動の華々しさ、エネルギーそして先進性については、マスコミを通じて全国的に名を馳せた。

　当時は、農村共同体や町内会での自治の経験はあっても、全く新しい来住者だけで構成される"団地"というまちでの「自治会」という組織はまだみられない頃だ。そのような時に、先駆的にがっちりとした組織をつくったことも合わさって、"日本一の自治会"とも称せられた。

注2　自治会の活動に関しては、実態がわかる資料が少ない。初期の自治会活動を知っている人も少なくなり、紙媒体もない。何とか入手できたのが、「香里団地自治会新聞」（自治会新聞1961〜65）と「香里団地新聞」（団地新聞1965〜2018）だ。本節「2-2.香里団地の自治会活動」と次節「2-3.家賃値上げ反対の闘い」については、主要な資料としてこの2つを使用している。

　まずは、初期の自治会活動（1958 〜 1965）における目的と組織について、みていきたい。

（2）香里団地自治会の目的と組織
①目的について

　香里団地では、1961年の「香里団地自治会会則」によると、自治会の目的として第2条に「本会は香里団地全居住者の親睦をはかると共に、共同の利益を増進し、文化生活の向上に寄与することを目的とする」とある。ところが、3年後には〈目的〉から「文化」が抜けた。その理由はよくわからないが、「香里ヶ丘文化会議」も発足したので、文化は「そちらでどうぞ」ということだろうか。

②当初の組織について

　香里団地自治会発足後、枚方市長から、市内他地区同様、香里団地にも、居住地域全体を対象に市行政末端機構である「区長制度」を導入してほしい旨の要請があった。

　そこで、賃貸住宅だけでなく、分譲、戸建て、特定分譲（社宅）、商店街も含めた香里団地の居住者すべてで構成することとした（自治会新聞創刊号、小寺廉吉会長談話）。当時の団地人口は14,500人、分譲住宅等も含め、世帯数4,370（1世帯平均3.3人、同創刊号）とされている。

- 役員構成は、会長・副会長、理事と幹事・総務からなり、理事は50名、幹事会150名
- 総務委員会（15名）は事務局、幹事会は全員総会に代わる
- 団地内に居住する世帯主であれば自治会員
- 各地区の婦人会が自治会に合流し自治会婦人部

　幹事会は、区長、防犯委員、社会福祉委員、婦人会で構成し、賃貸居住者以外の商店街関係者まで会員の資格ありとの会則だ。これだけ、大きくかつがっちりした組織体制で強力であったわけだ。しかし、それがかえって「利害が一致できずに、まとまらない」ことになり、解散要因になったのではと推測する。

2 ｜ 香里団地自治会の活動（1958 ～ 1965）

　初代自治会長小寺氏は、1961年の自治会新聞第6号10月号で「全国の公団団地の中で、香里団地ほど活発なところはないとして、世間が注目している。居住者間の活発な活動振りはまさに"東洋一"と述べている。

　その取り組み活動の内容について、以下に、自治会新聞（コラム4 ▶ 69頁、巻末資料1）をもとに、自治会活動の主要なものを、会則の目的の中でキーワードである「親睦」「利益」「文化」そして、目的にはないが取り組まれた「環境整備」の4点で大きく分類して示した。ただし、家賃値上げ反対の活動については、別途次項2-3で取り上げる。

（1）親睦目的の行事

① 団 地 祭 り

古来、祭りは地域自治の最大のイベントになりやすい。

　公団でも多くの団地で多様な"祭り"は行われ、多くの居住者に受け入れられている。年に何度も行うわけではないが、老若男女を問わず誰でも参加で楽しめ、意見対立も生じない。自治会活動の原点ともいえる。香里団地自治会でも最も力を入れていて、今日まで継承されている行事の1つだ。

　祭りの実行委員会（自治会、婦人会、商店連合など）形式で子どもから大人までの総合的な、年1度秋に開催される自治会の大イベントになっている。

　1961年は自治会主催により、運動会、いけばな、写真などお稽古事の作品展、囲碁などの文化行事も行われた。

　1962年に追加した「Xマスこども芸術祭（バレエ、音楽、日舞、童謡などの発表会）」には子ども170人参加。繊維関係のT社協賛の「3Mの思いつき展」には、即売会に5,000人参加。作品展には参加者1万人を超えた。1963年もほぼ同様であったという。以降、今日まで、断続的にではあるが、形を変えながら継承されている。

② 各 種 イ ベ ン ト

　団地祭りとも被るが、この時期、イベントをやれば、数千人は集まった。そ

れだけ文化的な要求が強かった。当時は、今ほどモノがあふれておらず、子ど
もは団地に友人がいて時間が取れ、外遊びも多く、主婦は暮らしの改善には
関心が高いし、多忙の中たまには時間も取れる、コミュニティも活発であった
……等々、といった今とは全く異なる居住者を取り巻く条件があった。

　団地の住民は、チラシや口コミ等の情報網もあり、何かあれば集まった。

　例えば、冬の歳末の福引・餅つき・クリスマス会、夏の定番金魚すくい・盆
踊り、秋の敬老会・旅行。あるいは香里団地では、朝比奈隆氏指揮大阪フィル
ハーモニー交響楽団や辻久子氏のバイオリンコンサート、主婦向けのホームウェ
アショーなど多彩だ。

　団地の人口2万人の頃、商店街に設けられた仮設のプールに人気があって、1
万人参加したとの記述がある。年に1度のものには数千人、個別のものには数
百人といった感じで団地居住者が集まった。団地全体が一体となって、イベン
トに参加したわけで、今では考えにくい盛り上がりであった。

③ 敬 老 会

　高齢者の増大が社会問題化される前から、高齢者の介護施設を計画するなど、
先進的である香里団地では、高齢者問題への関心が高く、テーマにもなってい
た。例えば、1964年9月の敬老会（食事と演芸）だ。93人（70歳以上）が参
加したとある。当時は2.2万人の香里団地人口で、70歳以上の高齢者は209人
（1%程度）。今と比べ極めて少ない高齢者数であり割合だが、その半分ほどの参
加者がいたことになる。自治会あげての取り組みで、余興なども豊富で第四中
学校の講堂を満員にしている。

（2）居住者の利益増進

　居住者の利益増進は、自治会の重要な目的でもあり、多くの課題がある。こ
こでは、香里団地自治会として取り組んだ大きな取り組みとして、「枚方市駅
に京阪特急の停車を」を紹介したい。

　香里団地は、1961年5月には14,000人になった。大阪や京都方面への通勤客
が急増し、京阪電車の特急や急行停車への要求が高まり、枚方市と京阪電車へ
署名を持って要請した。香里団地だけの問題ではなく、中宮団地にも呼びかけ、

枚方市や公団も味方につけた。何度も交渉を重ねた結果、「京阪として増結電車は走らせるが、特急は技術的に停車不可能で実施できない」との回答を得た。

（3）文化的行事

　文化的行事は前記（1）（2）と重なるので、ここでは「文化会館」の建設について取り上げる。

　自治会新聞の創刊号（1961.5）に小寺会長の「公団加納総裁が昨年団地視察の折、『これだけの団地には、是非大きな文化会館が必要だから、居住者側から盛り上げを』との話があり、われわれの希望と一致している。他の市にある公会堂などと異なり、香里団地にふさわしい図書室や宿泊もできる複合施設として、独創的なものを創ろう」と意気盛んな談話がある。保育所建設とともに自治会の二大建設事業にしたいとも書かれている。

　その後、1963年、市立の枚方市文化会館が枚方市駅前にできた。さらには、1967年、社会福祉法人聖徳園が公団から土地を借りて、香里団地センターに「聖徳福祉文化会館」を団地居住者にも利用できる会館としてに開設した。これらのことから、総裁提案の文化会館は頓挫した。居住者の間で継承されてきた西山研究室の描いた香里団地文化会館建設構想が、このような形で実現したことになる。

　余談だが、現在はこの聖徳福祉文化会館と枚方市の文化会館の双方とも、経年と地震による劣化等により、周辺地域も含んだ再開発事業が進行中であり、2020年現在「建て替え」工事中だ。

（4）環境整備関連活動

　保育所・学童保育・病時保育・共同保育の開設や青空市場の経営なども居住者にとって重要な活動事項でもあったが、これらは「香里ヶ丘文化会議」がイニシアチブをもちながら、自治会側も折に触れて共同で活動している（これらは、内容からすると、自治会が主体的に取り組むべき課題でもある）。

　また、自治会が取り組んだ環境整備関連活動として、自治会新聞のトップ記事（巻末資料1）から拾うと、入居し暮らしていく上での生活関連施設備問題（赤

写真2-1　京阪ボンネットバス（1960）　　写真2-2　旧公設市場前（1971）
大雨の後、けやき通りが川のようになることがあった

水対策、防犯灯の取り付け、断水問題、雨水排水、団地内バス停の混乱、不正
入居対策等多岐にわたる）などもある。（写真2-1、2-2）。

　他にも日常的活動など多くあろうが、自治会新聞記事にみられる主なものを
取り上げた。また、これら、この期の自治会活動の豊富な内容は、今日に至る
までの各地区・団地全体での恒例の行事やイベントにも、その多くが反映・継
承され、草分け的な意味ももっている。

3 ｜ 団地自治会の解散

　香里団地自治会は、これまで述べてきたように多様な活動を展開し評価され
てきたが、1965年5月に解散した（むろん、団地全体の一体的な自治会組織
が解散したのであって、地区別には自治会がつくられ、今でも断続的に継続さ
れている）。

　なぜ解散したのか、当時の役員など自治会関係者の多くは他界されている。
しかも、資料が豊富に残されているわけでもないので、わからない点も多い。
入手できた範囲の資料等で推測したが、解散した理由については以下の4点が
考えられる。

① 自治会の構成員に賃貸居住者以外もいた

　香里団地自治会は枚方市の意向もあり、区長制度を導入し、かつ、戸建て分
譲、特定分譲（社宅）、さらには各地区の商店街関係者でも団地に居住してお

れば自治会に加入できた。全団地が統一されているようにもみえ、うまくいけばよいのだが、反面、規模が大きいだけでなく利害が一致しないとなると、まとめきれない。賃貸と分譲の居住者間での考え方の違いや、住宅の居住者と商店街の商店主とは利害が反することも多い。団地全体を何とかまとめようという気負いはわかるが、全体をまとめて運営するのは骨が折れる。このあたりが解散した一番の理由ではなかろうか。

　解散してからは、地区別の自治会は、次第に賃貸住宅居住者だけで構成するようになっていった。

②リーダーの継承・継続

　団地の自治会として、居住者の要求をまとめ公団や枚方市などと交渉し実現していくには、強力なリーダー集団が不可欠だ。香里団地自治会の幹部は、文化人・学者・知識人などから構成され理論的にはきっちりしていた。ところが、団地全体が一致団結することの重要性を粘り強く実践し続けられるだけの継承・継続ができなかった。

　この点では次章で述べる「香里ヶ丘文化会議」も類似している。自治会と文化会議でもリーダーが豊富にいたからこそ、"全国一の自治会"と言われ、全国的にも有名な「香里ヶ丘文化会議」であったわけだ。しかし、双方とも結成後10年以内に解散してしまっている。リーダーたちが香里団地から転出していったことも大きな原因だ。継承・継続は自治会の持続可能性を考える時の普遍的な課題の1つでもある。

③先行的事例がない

　戦後の混乱や人口の移動などを経て、1960年前後の時代には、大都市圏での団地の数がまだ少ない。初期の公団団地では自治会活動の事例や経験がなく、香里団地では、それまでにない新しい自治会をつくるという気概はもっていても、正直、暗中模索の状態であったのではなかろうか。それまでの、街中や農山村での町内会、寄り合いといったような集団での規範では間尺に合わず、新しい組織規範が求められた。団地という新しい地域社会での自治会をつくるにあたって手本にするような自治会がまだなかった。

④自治会会員の関心と協力の低下（ある女性の投稿から）

1964年4月17日号（第36号）の自治会新聞に、ある団地居住女性による「曲がり角の自治会」というコラムが掲載されている。

要旨は「自治会も結成後5年経ち、曲がり角にあるのではないかと、それまでを振り返っているところだ。入居当初からの多くの居住環境整備に関する課題を解決・実現してきたのは、いろいろな摩擦もあったが、自治会を中心にした居住者の努力であることを忘れてはならない。そして、これからも、そうであって、全居住者の関心と協力が不可欠で、自治会の地道に根を下ろした活動が求められる。」だ。

この投稿は、これまで以上に、居住者と自治会の自覚を促していて、なかなかの鋭い指摘ではなかろうか。この翌年1965年5月に香里団地自治会は解散する。居住者からの抵抗はあったのだろうか。

4 　地区別の自治会活動（1965 ～ 1988）

1965年5月香里団地自治会は解散し、以降は、各地区別自治会での活動になる。主要な活動を紹介する。

各地区別の自治会独自に機関紙は発行されているようだが、きちんとは残されていない。従って、この1965年から1988年までの二十数年間は、「香里団地新聞」（コラム4 ▶ 69頁）を読み込み、主要活動事項を以下に整理した。また、「参考　1965 ～ 1988年の主要自治会活動」は、巻末資料2からの抜き書きである。

（1）夏祭りは毎年恒例

各地区別独自の自治会活動になったわけだが、夏祭り（地区別になって1967年が第1回で、1969年第2回夏祭りには参加者3,000人を越えた）は一本化・恒例化し、作品展なども実施された。以降は毎年、1988年の30周年記念の盛況であった夏祭りをはじめ、毎年数千人の参加者があった。

（2）暮らし密着の活動

①牛乳値上げ反対

1967年には、解散後はじめてA、B、C、D各地区代表が集まり、牛乳や物価問題で共闘へ。連絡協議会を発足させた。1969年C地区婦人会が野菜の共同購入を進め、牛乳の価格交渉のため、「5地区連絡会」として業者交渉する。結果、高かった牛乳を低く抑えることができた。

②食でも連帯

1960〜70年代を通じて、小集団で日常的に自主的に集まった。居住者同士の絆を深め、いざという時に連帯する。食でいえば、潮干狩り、野菜の販売、料理講習会など暮らし密着の取り組みがなされている。

③C地区互楽会

高齢者の課題を早くからとらえ、高齢者を中心に連帯を深めた。例えば、C地区互楽会だ。1974年から毎年継続して、定期的に作品展や集まりをもって

参考　1965〜1988年の自治会主要活動

6505	香里団地自治会解散（A、B、C、D地区とE地区）計5地区別に自治会、婦人会再結成
6508	6地区自治会の行事案内掲載（年間の各地区略予定を掲載）
6605	各地区別の新会長が自治組織2年目の抱負を語る（以降毎年の恒例）
6706	A〜D地区代表集まる。牛乳や物価問題で共闘すべく、地区間の連絡協議会発足
6809	8月、第二回団地夏祭り、連絡協主催、4,000人参加（以降1987年までほぼ毎年）
6812	各地区週一回は何らかの行事開催。D地区の自治会は婦人会が代行
6901	5地区と公団で連絡協議会
7106	連絡協議会、家賃値上げ反対の総決起集会700人、
7110	関西地区総決起集会へ65人参加
7110	丸福鉄工所跡へのボーリング場開設反対
7206	各地区別の新会長に聞く。地区別自治会は香陽地区が加わり、計6地区へ
7207	テニス・バレーコートの駐車場化問題
7211	D地区婦人会、ホリデー遊戯道路（車通行禁止にして子どもに開放）
7304	空き家割り増し撤廃署名、B地区と香陽地区は保留
7406	D地区婦人会を自治会へ組織変更
7508	D、E地区自治会、6地区会から脱退
7604	B地区連絡会と同自治会の対立（地区連絡会には、区長や商店街も加入）

いる。高齢者だけでなく幅広く参加し結構盛り上がった。最近まで続いていたが、C地区の「建て替え」後の活動はみられない。

④テニスコートの駐車場化問題

　旧ピーコックすぐ北側にテニスコートがあった。これを商業施設の駐車場に活用しようとの方針が、公団から示された（1972）。時はモータリゼーションの進行中。来客用の駐車場が足りないとの商店街の要請で公団が動いた。自治会は6地区会が窓口となり、枚方市へ「二種住専」への都市計画変更を申請するなどで対抗し、阻止した。第3章に述べる香里団地図書館の用地になった（1974.11）。

⑤香陽地区参加で6地区会へ

　1972年春から、5地区に加えて香里団地内の香陽地区（団地内旧B、D地区のうち、香陽小学区区域）の自治会が連絡会に参加することになった。これ以降「6地区会」となって、夏には合同の夏祭りを盛大に実施している。

7605	C地区婦人会が自治会へ組織変更
7606	自治会から区長制度不要論
7607	組織内対立のB地区問題は、「自治会は独自活動、連絡会は決議機関ではない」とのことで決着
7608	D地区よろず相談好評
7705	C地区「互楽会」で文化講演
7802	関西自治協に加盟しないが、家賃問題は6地区と共闘することに
7802	家賃値上げ問題、いったん収束へ
7803	6地区会公団本社と建設省に家賃を上げないよう要請（12,000人分署名）
7809	C地区と関西自治協、家賃値上げ反対集会
7907	6地区会長座談会（自治会離れがある、夏祭りは自治会の最大イベントでまとまる）
8402	C地区互楽会（75年〜、世間話、いけばな、壮年と高齢者の集まり、居場所のはしり）
8711	C地区互楽会作品展
8806	6地区会開く（家賃値上げなど公団問題を共通のテーマへ、30周年夏祭りの計画）
8808	30周年記念夏祭り（6地区でまとまって実施、盛況であった）
8904	「すきやねん香里団地」シンポジウム（関西諸団地から多くの人が集まり討論）
8908	団地建替対策委員会設置

（3）組織的まとまり

1975年、D地区に続きE地区も6地区会から脱退。またB地区では、自治会、区長、商店街間でのトラブルが発生し、6地区のまとまりがなくなってしまった。

団地の地区別諸課題を解決し、かつ全体をまとめることの重要性も理解したリーダーや集団がいないと、このような大規模団地では、なかなかうまくいかない。しかしながら、各地区別の自治会では、相談会、高齢者の交流会、文化講演会などの行事は変わらずに続けられてきている。

2-3. 家賃値上げ反対の闘い

すべての居住者にとって真に安心して暮らし続けるには、継続的・安定的に支払い可能な家賃であることが必須条件である。公団側はできるだけ家賃を上げたいので、一貫して家賃値上げを提案してくる。居住者や自治会はそれに対し、まとまって自治会や全国公団住宅自治会協議会（全国自治協）に結集して、値上げ反対や値下げの運動を進めることになる。居住者にとって、家賃は各世帯の家計の中でも占める割合が大きいだけに負担が重い。新しい賃貸住宅ほど家賃は高い。家賃を値上げしない、あるいは引き下げは死活問題にもなり、自治会にとっても最重要問題の1つになる。

ところが、公団の家賃は国の方針に従って公団本社で全国一律の基準で決める。従って、家賃の値上げ反対の話し合いや交渉は、公団本社と全国自治協との交渉事になり、各団地の単位自治会としては、全国自治協に結集して運動を進めることになる。

以上のようなことを背景にしながら、香里団地の自治会は家賃値上げに反対し居住者の利益を守るべくどのような闘いを進めてきたか、概観しよう。

4 コラム 「自治会新聞」と「団地新聞」

●香里団地自治会新聞

　香里団地自治会新聞は、香里団地自治会の発行する機関紙として、1961年5月10日創刊。自治会の総務委員会の全員が編集会議を構成することになっており（会則）、総務委員会の権限が大きい。自治会の幹部には新聞社の関係者もいて、レベルが高い。賃貸住宅のみならず団地の全住戸に無料配布した（約7,000部、4頁建て）。1965年4月号まで継続し、当時は「日本一の団地自治会に日本一の機関紙」とマスコミなどにも取り上げられ、団地居住者によく読まれていたという。

　本書巻末に、資料1（217頁）として一面のトップ記事の見出しを掲げた。この間、「自治会の活動が団地暮らしを少しでもよくしていく、住みよい香里団地を創ろう」と盛り上がった様子がうかがえる。

●香里団地新聞

　香里団地新聞は、全国的にもミニコミ紙の草分けでもあり、発行は1965年以降通算53年もの歴史がある（巻末資料2、218頁）。この間の発刊ではおそらく他に例を見ないほどの読者数累計でもあり、このこと自体が文化的な意味をもち、存在感が感じられる。

　1965年5月、自治会新聞廃刊に伴い民間の新聞社「香里団地新聞社」（代表武知正男氏）が香里団地内に設立され、香里団地新聞が創刊された。創刊以降4～5年間は、旧団地自治会役員などがそのまま新聞社に移行して発刊に当たった。また、代表が旧団地自治会長でもあり、無料・全世帯配布・月刊、タブロイド、主要収入は新聞掲載の広告費といったところは「自治会新聞」を踏襲している。1965年5月の発刊以降、名前も内容も変わりながらも、月刊紙として発行され続け、あたかも自治会発行の機関紙のように居住者に読まれ続けてきた。

　ただ、小規模ながら商業新聞であり、後半になるに従って、広告も増え、商品や飲食関係の宣伝的記事が増加、団地居住者の暮らし関連記事が漸減していった。1969年頃が発行部数のピークで17,000部発行した。1972年には社名を「京阪団地新聞社」に、2005年には「京阪タイムリー社」になり、紙名も「けいはんタイムリー」として起死回生を図った。カラー版発刊などの工夫もあったが、居住者・市民の活字離れ、ミニコミ紙後退の中、縮小化していった。そして2018年8月に、53年間続いた発刊の幕を閉じた（現物は、枚方市立中央図書館に保存）。

1 ｜ 全国自治協の家賃値上げ反対運動

（1）運動のはじまり

　全国自治協は1974年7月に結成された。しかし、各地で闘いの前史がある。

　公団は、早くも1960年代当初から、新旧家賃の「不均衡是正」や「家賃負担の公平化」を理由に管理開始後の賃貸住宅家賃の値上げを考え、実施を検討していた。そして60年代半ばからは、いっせいに値上げの実施を図った。

　しかし、居住者にしてみたら、高い家賃を払っているが公団賃貸住宅は「原価家賃」が原則であり、その趣旨からして理屈が通らない。「公団住宅は70年間は値上げなどない」と聞いて我慢していた。また一方では、「今は負担が重くしんどいが、近い将来は給料もあがり、多少楽になるだろう」という思いもあった。

　このようなことから、公団の進める値上げには納得できず、一致して強力な反対運動となり、結果、公団も断念した。ところが、公団はいっせい値上げの矛先はおさめたものの、今度は空き家住宅に入居してくる入居者に対して、「空き家割り増し家賃」を実施した（1966）。これは、現居住者が対象ではなく、これから入居してくる人が対象になることからやりやすい。

　1970年代に入ると、上記の1960年代当初と同じ理由で、今度は公団の家賃の基本方針を決める政府側も乗り出し本格的に実施してきた。1970年に建設省が、71年には大蔵省が家賃値上げを発表するや、居住者の反対運動が全国で沸き起こった。1960〜70年頃は、各地の団地でこの家賃値上げに反対するべく、自治会を結成し多くの居住者が自治会に加盟した。自治会の協議体として、関西自治協（1957）や関東自治協（1960）がスタートしていた。それらの動きを取りまとめて1974年、全国自治協が結成された。

　以降、全国自治協・自治会は家賃値上げ反対を主たる課題にして取り組んでいくことになる。

（2）全国自治協の家賃裁判の取り組み

　1977年8月、今度は建設大臣が直々に公団家賃の値上げを発表。

　これに対して、全国自治協と各地の自治会は呼応して立ち上がり、全国的に反対の運動が広がっていった。署名は553団地で32.7万世帯（97万筆）を超え、カンパも302万円、日比谷公園では6,350人もの参加で、空前の大集会となった（文献2）。

　ところが翌1978年9月、公団は全国35万余戸もの世帯に対して、家賃いっせい値上げを実施した。理由として、「新旧団地の家賃不均衡の是正」と「古い団地の維持管理経費の確保」の2つをあげていた。しかしながら、公団はこの家賃問題に関して居住者や自治会との協議には応じず、全国自治協としては、以下の反論をもって、やむを得ず提訴に踏み切った。

　その提訴要旨は、

● 個別原価主義に反する家賃変更は認められない

● 不均衡是正は合理性がない

● 維持・管理経費の確保の困難さについては、根拠が示されてない

であった。

　また、全国自治協は全国的に反対運動を展開し、口頭弁論30回、弁護団の対策会議など60回以上、法廷には毎回100人を超える傍聴があった（文献2）。地方でも署名・カンパ、集会、学習会、裁判の報告、デモなど様々に取り組まれた。国会では1983年3月に両院建設委員会で自治協代表による参考人発言もあった。

　この間、紆余曲折を経ながら、再び公団は1983年10月に第二次のいっせい家賃値上げを実施した。これに対し、全国自治協は1984年4月公団に、「全国自治協との定期協議、高家賃の抑制、空き家家賃制度の見直し、家賃減額措置の拡大、修繕・環境整備等についての話し合い」などを要求した。1984年12月、建設大臣のあっせん案が示され、大きく山を越えた。

　1985年の3月にこのあっせん案が住都公団と全国自治協の間で了解された。
　その主要内容は、

> **1** 訴訟は和解により解決させる
>
> **2** 公団総裁の諮問機関である「基本問題懇談会家賃部会」に全国自治協の代表を入れる
>
> **3** 公団と全国自治協との間に定例懇談会の場を設ける

の3点である。

　2については、公団が勝手に家賃を決めるのではなくて、居住者の意見も聞く場が設けられた。また、**3**については、家賃問題以外についても定例的に話し合いができるようになった。

　これらによって、公団開設から30年を経てやっと、居住者の代表と公団のトップが対等に話し合いができる場ができたことは、歴史的な意義があり、極めて重要だ。

　今日、1985年からはさらに35年ほど経過しているが、これら**2**、**3**については、現在も続けられている。公団もURに姿を変えた。UR事業について協働しながら進めるべく、自治協・自治会や居住者・市民によるUR事業の経営への参加も考えていい時期なのではなかろうか。

2 ｜ 香里団地での家賃値上げ反対運動

　"大家"である公団と対峙し要望を実現するには、全国の居住者と各自治会がいかにして全国自治協に質と量ともに結集するかにかかっている。もちろん、この全国自治協といえども地方の単位自治会の集合であり、各自治会の取り組みが重要であることは自明だ。

　香里団地での家賃値上げの反対運動も活発であり、「安心して住み続けられる家賃」の実現を目指し、活動してきている。全国レベルでの活動と呼応・連携しながら進んできたが、ここでは香里団地自治会独自の運動を振り返る(注2)。

（1）1960年代

　公団発足後まもなく、公団住宅等の建設による自治体への行財政の圧迫・しわ寄せの問題が顕在化しはじめた。この背景下で、枚方市は固定資産税の公団負担分の減免を撤廃する施策の実施を表明した。

　市の意向を汲んだ公団が、固定資産税を増額すれば、その分家賃に跳ね返ることになるだろうことを想定し、香里団地自治会は対策を打ち出した。「香里ヶ丘文化会議」と話し合い、共同して学習し、公団とも懇談会をもった。1963年初頭のことだ。その後他団地も含め反対運動を進めていたが、翌64年2月に公団は、固定資産税減免の法制化はしないが、自治省が「特別交付金」でカバーすることにして、家賃値上げはしないと発表した。

　ところが、その「特別交付金」の額が十分ではなく（自治会新聞1964.11.20号）、火種は残った。

（2）1970年代

　1966年に全国で空き家家賃の値上げが実施されてから、居住者には値上げの不安がずっと付きまとい続けていた。1970年11月頃から、5地区（A、B、C、DとE地区）の自治会、婦人会で話し合いが行われ、12月14日「家賃値上げ反対香里5地区会」が結成され、関西での「家賃値上げ反対関西連絡会」に加入した。家賃関係の学習（テーマは空き家割り増しと既入居者の家賃値上げ）も行い、5地区で署名8,684筆、カンパ38万円集まった。これは約5,000戸賃貸住宅のほぼ全世帯から署名が集まったことになり、関心の高さと反対の声の多さを示している。

　香里めざまし新聞（香里ヶ丘文化会議の機関誌）の1971年2月25日号によると、「公団の家賃は『原価家賃制度』であり居住者へ家賃値上げを要請する理由がない。また、新規供給住宅家賃との格差是正を言うのならばそれは住宅政策の貧困に問題がある。」と喝破。1971年6月には、5地区会主催の「香里団地住民決起集会」が開催された。600人の参加により決議をあげ、団地内をデモ行進した（カンパ30万円、署名1万人）。さらに9月には、関西地区の総決起集会へ参加し（団地から65人）、大阪府と枚方市に対し「政府に値上げしないよ

うに」要請するなど、盛り上がった。

　1977年に全国的に月5,000円の家賃がアップされ、家賃反対運動に油を注ぎ、関西自治協には加盟しないが共闘は行う。そして、6地区（この頃は香陽自治会も参加）で家賃問題の学習は継続的に行うことになった。翌年2月には、6地区会の代表が全国自治協とも連帯しながら、公団本社と建設省に対し、12,000人分の署名を提出した。団地内でも反対集会が開かれ、5,000円の家賃値上げに対し、口座振替拒否の行動にも出た。

　このように香里団地自治会は6地区でまとまり、全国自治協と連携し、乱れず一丸となって闘ってきていた。ところが前述のように1978年にはいっせい値上げが強行され、全国自治協は提訴したのだ。

（3）1980年代

　1985年の全国的ないっせい値上げの収束時において、香里団地には、家賃値上げの見返りに「特別団地環境整備費」により、集会所の整備などが実施された。

　また、1986年になると公団は「建て替え」事業を始めたが、その制度の中での「建て替え」後住宅の家賃高額が問題化した。香里団地では、家賃値上げ反対の運動の中で、1988年「香里団地6地区会」として、「建て替え」問題にも対処することにした。同時に、入居開始30周年の合同の夏祭りを8月開くことも決め、記念誌も発行し、これまでの自治会の離合集散の中、「家賃値上げ反対」でもまとまりをみせた。

［参考文献］
1）日本住宅公団建築部調査研究課「アパート団地居住者の社会心理学的研究（その III）―団地と地域社会」1963.5
2）多和田栄治『検証　公団居住60年〈居住は権利〉公共住宅を守るたたかい』東信堂、2017

第3章

香里ヶ丘文化会議と文化活動の先進性

　1950年代の多くの日本人は、敗戦の痛手から立ち上がり、民主化を背景に平和を希求しながら、新憲法をどのように、暮らしに生かしていくべきか考えた。一方政府は、朝鮮戦争を期に、高度経済成長を図るべく大都市圏に労働と資本を集中させた。その時の勤労者層を受け入れる受け皿として用意されたのが公団住宅である。公団住宅は公営住宅と異なり、借主の家賃負担が大きい。従って所得階層は公営層より上になり、かつ所得制限もなく中間層が多く来住した。特に日本の新しい都市住宅を提供するとあって、勤労者層とともに文化人・知識人・作家などのインテリ層も来住した。

　おりしも安保反対運動（1960）が全国的に展開し、べ平連（1965年小田実主宰、1974年解散）なども生まれ、戦後の経済高度成長期で、政治・社会的には民主化の時代である。その頃が香里団地の建設・入居の時期に当たり、文化活動を育んだ。

　そしてもう1つの背景は、革新自治体の存在である。コミュニティ活動を具体的に実現させる力は、居住者、市民の運動だけでなく、その背景となる行政や社会の影響も大きい。当時は枚方市が革新自治体であったことも「香里ヶ丘文化会議」（文化会議）の運動を理論的にも後押しした（第2章参照）。

　香里団地への入居は、1958年11月にB地区から始まった。

　来住してきた勤労者、文化人、学者そして主婦たちは考えた。「女性は働く

べきだと思うが、肝心の保育所がない。MPにはあっても現実の団地にはない」
と。また、大学や高校そして小・中学校の先生には「女性は専業主婦ではなく
て働くべきだ」という考え方をする人も多い。ところが、素晴らしい団地であ
るが、足りないものがある。保育所であり、買い物するところだ。そこで、「こ
の新しい集合住宅団地で、新たな暮らしを展開し、新たな文化を創造しよう」
「足りないものは、公団や枚方市に実現してもらおう」などと話し合った。

　同時期に、関西だけでなく、前後して東京圏の類似団地でも多様なコミュニ
ティ活動が活発に行われていた（コラム5 ▶ 94頁）。これらとも思想的には連携
しながら、香里団地では、「暮らしにも文化を」との機運が盛り上がっていった。

　東京圏の団地とも思想的にはつながっていただろうが、情報交換や活動交流
がなされていない。もし、東京圏団地とも連絡が取れ意見交換し、かつ持続し
ていたならば、コミュニティ活動の厚みや力量がもっと増していたことであろ
う。そうなると、「香里後半」での「建て替え」においても居住者の暮らしをもっ
と重要視した「団地再生」計画になっていた可能性もある。

3-1. 香里ヶ丘文化会議とは

1 ｜ 文化会議準備会での議論

　1960年9月に文化会議は発足したが、その前の準備委員会 ^(注1) で討論しま
とめられた主要な活動の主旨を紹介しよう。

講演会

講演会の講師として、依田義賢、加藤秀俊、久野収、杉村敏正、桑原武夫、鶴見俊輔、
寿岳章子、伊吹武彦、松田道雄などの名が上がっていた。各ジャンルで日本を代表す
るような、関西中心のそうそうたる顔ぶれで、京都大学をはじめ京都の学者・文化人・
知識人などがラインアップされている。これら学者などが、敗戦後の大都市圏で新し
い社会や暮らし、生活様式が生まれつつある香里団地に着目したことには興味が尽き
ない。皆ではないが、「文化会議」の中心的役割を果たした京大助教授多田道太郎氏の
人脈によるところが大きい。

研究会・同好会

すでに発足している「政治・経済研究会」の他に、外国文学同好会、主婦の読書会、日曜大工同好会、和歌俳句同好会、コーラスの会などだ。実際は、これらを含め、時代の変化とともに数多くのサークル同好会がつくられた。講演会同様、居住者のニーズとの関係もあって、研究会は極めて少なく、むしろスポーツ系も含めた同好会、サークルが数多く結成されていった。

これらの研究会・同好会が枝分かれして、かつ継承され、今日の香里団地における多様な文化活動につながっている。

生活環境整備の会

団地内の交通（バス・電車）・通信、学校託児所（学童保育）、遊園地、図書館、公民館、訪問者のための宿泊施設の研究やマスタープラン作成などを、公団や枚方市などに要求し実現を目指して、運動を展開しようという集まりの部会だ。この項目の中には、以降活動の中心になる保育所等の開設のことは触れられていない（学校託児所はあるが）。

生活環境の整備に関しても、第6章で述べるが、近年の文化活動につながり、大きなエネルギーになっている。

映画会

記録映画や文化映画、そして劇映画などの安くてよい映画の上映会を開くというコンセプト。当時の映画は今と違って数少ないメディアの1つとして、重要な役割を果たしていた。

　以上のように、文化会議発足前夜の、頭で考え討論した結果としてのイメージを打ち出した。準備委員会としては、これらを発足後、会員みんなで議論しつつまとめていくことになった。準備委員会であり、まとまっていない面もあるが、幅広い文化活動と団地暮らしの環境を整えようという、いわば自治会の仕事も取り込んでいるところに特徴がある。香里団地自治会発足の1年後に文化会議は発足しており、自治会と話し合いはできたはずだが、調整なしで進んだのであろう。何しろ、団地での自治会結成も例がなく、文化会議も、どのように進めるか、目標、内容、組織なども手探りであったであろうことは推測できる。東京圏での同時期建設・大規模団地での自治、文化活動面ではよく似た状況にあった（コラム5▶94頁）。

注1　文化会議結成の呼びかけ人は、多田道太郎（京大文学部助教授）、樋口謹一（京大法学部助教授）、大渕和夫（府立高校教諭）、藤田光一（府立高校教諭）の四氏（いずれも当時）であり、このあたりが準備委員会のメンバーだ。

2 | 文化会議の組織と「文化」

(1) 組織体制

1960年9月4日、B地区中央集会所にて第1回会員総会兼発足会が四十数名の参加で開催された。

設立の趣旨を引用すると……

> 私たちはコンクリートの壁にへだてられて、ともすればバラバラになりがちてす。私たちの考えていること、感じていることを交流する、自主的な話し合いの場をつくり、生活の向上を期したいと思います。そのために民主主義的なやり方て以下のような文化活動を行います。
>
> （香里めざまし新聞会報第1号、1960.9.4）

とある。

また、このような団体の発足時に規約や会則のようなものがないとは不思議だ。香里めざまし新聞（めざまし新聞）もそのことを認めた上で、「少しでも多くの会員の討議を経た上で、次年度1961年4月に決定する」とされている。結局、文化会議では規約・規則のようなものはない状態で進み、解散することとなった。発足時から組織面での大きな弱点を内包することになっていたのだ。

そして、役員、事務局の人事組織を以下のように暫定的に決定した。

- 代表世話人：多田道太郎、副代表世話人：北村日出夫、事務局長：大渕和夫、他に世話人：15人
- 事務局員：事務局長含め4人
- 機関紙編集員：3人（大渕和男主筆、栄永頼子、浅田良子）

役員は結構な人数であり、住所を見るとわかるが2人を除き全員、公団賃貸住宅のA～D地区居住者であった。また、準備委員会でも示された4つのジャンルの文化活動に即して、各世話人が担当している。

　ここで注目すべきは、「保育所建設推進委員会」（諸田達男〈高校教諭〉、浅田良子の両氏担当）が、この場で急遽新たに設置が決まったことだ。入居が始まり、団地の人口が急増し主婦層やは共働き家庭からの保育所要求が爆発的に出てきて、文化会議としても何とかせねばと判断した結果である。以降、保育所開設運動に文化会議が力を入れていく。

（2）「文化」のとらえ方

　初期のめざまし新聞には、会員獲得、拡大ために、各世話人が交代で「文化会議へのおさそい」というコラムを書いている。めざまし新聞（1962.6.10、7号「文化会議へのおさそい」）には、浅田氏、諸田氏など4人の署名入りで、次のような興味のある文章が書かれている。

　……文化会議という名称から、この団体がいわゆる「文化人」のグループであるかのように誤解されている面があるようですが……私たちのいう文化が決して高踏的な意味でなく、「私たち居住者すべての生活に密着したもの」であることがわかっていただけると思います。

　ここで、文化会議の文化に対する哲学が表現されているように思える。香里ヶ丘文化会議の考える文化は、「暮らしに密着し、暮らしから生まれるものだ」ということだ。
　また、このことは、少し時間があとになるが、例えば文化会議設立後5年のめざまし新聞（1969.9.25、45号）のコラムに寄稿した多田道太郎氏の次の言からもわかる。つまり、

　暮らしよい居住地域とするためにはどうすればよいのか、それをみんなで考え、みんなで手を打とうとする団体、これが文化会議です。そしてこれが、文化会議の5カ年間の歴史でした。……いわゆる「文化人臭」はまた、わたしたちのもっとも嫌うところであります。……

とある。
　文化会議の文化への考え方はこのような内容であり、次節で紹介するように

香里団地での暮らしを重視し、団地での環境改善、日々の暮らしを豊かにすべく多様な文化活動を展開した。自治会活動で行う内容も含まれている。このように、自治会活動との任務分担の線引きが明確でないのは、公団の初期の頃には、東京圏での団地などとも共通している（コラム5 ▶ 94頁）。

3-2. 文化会議の活動と評価

1 ┃ 文化会議の具体的活動

　香里ヶ丘文化会議は発足後10年間ほどで収束した（実質は6年ほど）。ただ、この間、独自の活動としてはエネルギーに満ちている。

　「環境型」文化活動としては、全国的にも先進かつ有名となった公立の保育所（共同・病児・学童含む）開設をはじめ、物価対策・青空市場の設置、そして幼稚園の開設がある。および自治会とも共闘した家賃・固定資産税問題（第2章2-3）や水道料金値上げ反対の活動が主要なものとしてあげられる。一方、「社会型」文化活動として、講演会や読書会の実施、子どもフェスティバルの開催などが文化会議独自でなされた（序章注5）。

　文化会議の活動全体には、決めたことと実際の活動内容のズレなど、脈絡がない点は気にはなるものの、多種多様かつ自由奔放に展開していったことが最大の特徴だ。

（1）「環境型」文化活動
① 保 育 所 運 動
● 公立保育所開設に向けて

　枚方市の公立保育所設置は、1947年の児童福祉法に基づく中宮保育所設立が最初（1949）で、続いて市立の阪保育所（1951）、山田保育所（1960）と続いた。

　第1章で述べたが、公団による香里団地建設計画案にも、保育所や幼稚園の開設は、小・中学校と同じように書かれている。ところが香里団地の最初の入

居時（1958）には、学校はあっても保育所・幼稚園は設置されていなかった。小・中学校は義務教育で、枚方市が用意することは当然のことだが保育所・幼稚園は、入居時には準備されておらず、いわば放置されていたところにそもそもの問題があった。

　東京圏の初期大規模団地でも同じように、保育所整備が十分でなく、居住者からの公立保育所の開設運動が起こっている。ただし、例えば同時期・同規模の東京の多摩平、ひばりが丘、常盤平の3団地では、保育所開設への運動は、スタートは違っていても、自治会主導で進んでいったところは香里団地と異なる。香里団地では、自治会との共闘はあっても、最後まで文化会議主導であった。

　保育所への要求が極めて高かったことを背景に、保育所の設置及び共同保育準備会が動き出した。文化会議の保育所建設推進委員会は、保育所の必要性について、次の4点を指摘している。要約すると、

1　共働き家庭が多い

2　共働き家庭は核家族で子どもの保育に欠けている

3　子どもを早い機会に集団保育の場に出したい

4　保育所の設置は、婦人の解放と社会の進歩を目指す立場に合致する（めざまし新聞11号、1962.10.15）

というものだ。

　戦後間もない、大都市圏での民主化の都市社会の渦中で、婦人の解放、女性の社会進出、子どもの集団保育の重要性などの思いが表されている。

　そして先述の保育所建設推進委員会を、1960年9月の文化会議設立総会と同時に設置し、同年12月には枚方市議会に請願「私たちの団地に保育所を」を提出している。素早い対応だが、それほど保育所への要望が切羽詰まっていたわけだ。

　翌1961年2月には、寺嶋市長が「団地内にモデル保育所を年内に建設」と約束したが、ゼロ歳保育は未解決のままであり、市議会へ請願、市と交渉を継

続することになった。そこで、やむなく、共同保育所を開設することを考えざるを得なかった。

● 共同保育所の設置

　公立保育所の1961年の年度内開設も待てず、100人以上の居住者から「共同保育所」の要求が渦巻いた（「共同保育会」を結成）。文化会議と共同保育会は団地集会所の活用を公団に要請。しかし、他の使用目的との関連で難しいとの返事で、集会所の利用頻度の高い自治会もなぜか難色を示した^(注2)。そこで、二転三転して香里ヶ丘三丁目にある中山観音会館（西願寺）で実施することになった（1961年5月スタート）。団地内外の多くの市民の協力を得て運営がなされた。

　ただ、本来なら、団地への入居と同時に、必要な世帯には保育所の提供は不可欠であるのだから、共同保育所にも公的補助金が支出されてもいいはずであるが、「法律で禁じている」との回答で獲得できなかった。しかしながら、この運動は先駆的でもあり、新聞・雑誌等のメディアにも取り上げられ、関西の団地からも問い合わせが殺到したという。香里団地に限らず、当時の全国的に大都市圏団地での公的保育所設置の要望の強さが推察される。

● 団地保育所開所以降の運動

　1962年7月、ついに市立の「香里団地保育所」が開設された。その時は、120名の定員で、入所資格は2歳児以上に限られていた。これまでの運動も踏まえ、待望の乳児保育が9月から始まることとなった。居住者の強い要望を背景に、文化会議と共同保育会の2年にわたる努力で、ゼロ歳から、つまり乳児保育の実施は府下でももちろん初めてで、全国的にも珍しかった。この年は、公立保育所開設と画期的な"ゼロ歳保育"のスタートが切られたことになる。

　ところで、めざまし新聞11号（1962.10.15）で、文化会議の保育所建設推進委員会として2年間の総括をしている（保育所づくりに取り組んだ2年間）。

注2　居住者が保育所の意義を理解しても、各地区集会所は多くの居住者が使っている。「保育所に使われると、結構長い時間占有されることになり困る」という意見も自治会内にあった（自治会新聞1961.7.20）。

この中の、「2.運動の実際面について」で、市議会への請願、子どもを預けたい希望者の調査、運動の主体を文化会議から利用希望者へ移行、他の団体との協働、があげられている。60年後の今でも、そのまま実践できる運動である。また、今後の課題として、

1　乳児保育は、全国的にも極めて少ないが保育所運動の核心でもあり、当保育所を守っていく

2　当保育所では乳児保育の数を増やす。市内他の保育所でも増やす

3　学童保育に取り組む

の3点をあげている。2年間の実践といいこれからの課題といい、香里団地の居住者の暮らしや要求の実態をつかみ、的確な方針を立てている。みながよく議論し誰でもが納得できる方向を示し、まとまって要求を出していけば、願いがかなうことを示している（注3）（写真3-1）。

・公立保育所開設の意義

　以上のように、先駆的な意義をもつ公立保育所開設の運動であったが、その歴史的な意義はどこにあるのだろうか。先の文献3の巻頭言「文化運動の記念碑」で松田道雄氏（注4）は社会的・時代的な意義を以下のように的確に述べている。

注3　具体の内容は文献3に詳しい。これは新聞や雑誌などメディアに掲載され、各地で反響・評判を呼んだ。香里団地の初期における、賃貸住宅居住者のみならず、分譲住宅居住者の多くの若い両親、文化会議のメンバー、その他の支援者などの苦労話や喜びの声が満載だ。保育所の必要性、二転三転した共同保育所、乳児保育の実現は、運動を振り返ってあるいは公団や市の態度など、香里団地保育所運動の経過を詳述。

注4　松田道雄氏は医者・育児評論家で、『私は赤ちゃん』（岩波新書）、『育児の百科』（岩波文庫）など著書多数。戦後から高度経済成長における、核家族での家庭医学、保育所や学童保育所のあり方に多くの提言を行い、多くの支持を得た。『育児の百科』はベストセラーになり、今や育児のバイブルと言ってもよいほどで、最近街の本屋さんでも並べられているのを見て懐かしかった。

　また、松田道雄氏は多田道太郎氏とは親しい関係だ。香里団地にも何度も講演や座談会などにも参加し、保育所をはじめ、共同保育、病児保育、学童保育そして幼稚園などの開設運動での理論家として、文化会議さらには香里団地の居住者・市民にも多くの影響を与えた。

写真3-1　三角屋根の建物は当時の香里団地保育所（1968）

　保育園をつくろうという運動は、たいてい共ばたらきの家庭だけの孤立したものになるのだが、香里では、地域全体の生活改善の運動として進められた。住民の「愛郷運動」が市政の「民主化運動」とむすびついた点で、香里団地の人たちの保育園設立運動は、日本の愛郷運動にも、また民主化運動にも、あたらしい例をもたらしたものである。この意味で、香里団地の保育園設立運動の記録は、日本の文化運動のなかの記念碑であるといえる。

　確かに、「地域全体の生活改善運動の一環であったことが、成功の要因である」ことはその通りだ。より大事なのは、「愛郷運動」（筆者注：コミュニティ運動であろう）と「民主化運動」が結びついたことだ。これは今でも生きている。居住地における暮らしを豊かにしていく運動の「原則」であろうと考える。特に、「団地という地域の生活改善と市政民主化は結びつけなければならない」という松田氏の主張は、今でも生きている。また、「日本の文化運動のなかの記念碑である」とあるように、松田氏は文化運動の一環だともとらえている。
　松田氏の述べている巻頭言には文化会議が積極的に取り組んだ一連の保育

所開設などの運動の理論がうかがえる。

　戦後の大都市圏で、核家族が増え、若年層の家族が暮らしていくうえで、保育所は不可欠な生活関連の施設になった。しかも、民主的な考えが展開していく中で、集団保育の意味やその良さも普及していった。しかし、当時現実には保育所は足りない。おのずから、お寺や教会等が経営する私立の保育所も出てきたが、公立の保育所はなかなか開設されない。ここを突破して、前述のように、様々な活動を展開しながら公立の保育所開設を実現させた。1つの文化活動が居住者、市民とともに、自治体の保育行政を動かしたことは画期的である。
　これを突破口にして全国的にも保育所開設運動が活発化していった。このようなことから、文化会議の一連の保育所開設運動は、全国的にみても"金字塔"である。

② 学 童 保 育 の 開 設
　文化会議は、保育所の次は学童保育の開設へと運動の軸足を移動させた。
　保育所を卒業しても、両親が共働きであれば、その親など家族の恒常的な支援がないことには小学生の子どもの保育に欠けることになる。小学校から帰ってきた、低学年の子どもたちの受け入れが問題となる。保育所の問題が解決に向かっても、子どもの「かぎっ子」問題はクリアできない。必然的に、文化会議の運動は、学童保育の開設に向かった。

　学童保育はなぜ必要か。文化会議には学者・研究者も多い。実現に向けては理屈付けも必要で、そのための調査研究が始まった。学童保育要求の調査を実施し、居住者・市民の要求の正当性・必要性などを科学的に明らかにしていった。対市交渉も行うと、市も一定程度理解を示すが、1年経っても具体化はしない。学童保育についての研究討論集会を市役所で開き、松田道雄氏の講演会をもった（1964.1）。また、"かぎっ子に学童保育を"をスローガンに、「学童保育を進める会」を11団体（呼びかけは文化会議、賛同団体は市の労働組合、香里団地と自治会中宮第二の自治会、新婦人、婦人民主クラブなど）の参加を

もって、1964年2月にスタートした。

　このような活動の結果、「共同学童保育」ともいえる場を、ある文化会議世話人個人の戸建て住宅（香里ヶ丘8丁目）で開所した（1964.4）。さらには枚方市教職員組合の調査・運動もあり、枚方市も重い腰を上げ、1966年五常小学校で学童保育が開設された（文部省は留守家庭児童会）。その後、学童保育も次第に市民に支持され、1971年1月には、市内4か所（200人）に開設された。

③ 病 児 保 育

　共働き家庭の場合、祖父・祖母や親族などのサポートがあればいいが、子どもが病気になったら本当に大変だ。簡単には仕事を休めない共働き両親にとっての泣き所である。保育所や学童保育と異なり突発的で短期間の保育ではあるが、共働きの両親には頼みの綱だ。

　1968年時点で、香里団地保育所に子どもを預けている母親の職業は、およそ教員（小学から大学まで）30％と圧倒的、ついで会社員が13％、公務員12％、看護婦9％と6割近くが被雇用・専門職などであった（文献4）。市内や香里団地で、保育所を利用している母親が急増し、仕事を休めない、祖父母などのサポーターがいないなどで、病児保育の必要性が一挙に高まっている背景があった。

　「団地保育所父母の会」をはじめ、香里団地に居住する当事者たちは何度も討論した結果として、根本的な解決策は病児保育所の開設しかないとの意見にまとまった。しかし、具体的にどうするか。いろいろ工夫したがうまくいかない。結局のところ、この父母の会を中心に「病児の保育問題も社会的に解決されなければならない」等の確認のうえ、「病児保育推進委員会」（推進委員会）を発足させ、スタートを切った。

　この推進委員会で、市長、公団、市民病院へ要望書を出すなど、市民を巻き込んだ運動を展開した。

香里団地中央で小児科医保坂智子医師の理解と協力で、小児科に病児保育が併設されることになり、翌1969年10月から開設の運びとなった。保坂医師の頑張りと団地保育所父母の会の力により市や国も開設を認めた。市からは委託補助金年間50万円支出されることになり、保坂医師と団地保育所父母の会で運営することになった。70年代の前半は財政的にピンチになっていったが、保坂医師や支援者の頑張りで何とか切り抜けた。また、1979年には、枚方市民病院の一室に市立の病児保育所が開設され、市内に2か所となった。

その後マスコミも取り上げ、全国から見学者も増え、徐々に地域に根を下ろしていった。香里団地の病児保育は1999年には開設30年間になり、累計43,717人が利用した。まだ不十分な病児保育で課題も多いが、同年には全国で96か所となり、「病児保育」が当たり前の時代になっていった（文献4）。

④ 青空市場

香里団地の入居当初は、団地中央や近隣での商業施設も十分ではなかった。1960年度末あたりで、すでに、A地区〜D地区では2,000戸近くが管理開始され、5〜6,000人もの居住者がいた。

彼らから、「公団は家を作り募集し、人をどんどん入れるのはいいが、商業施設が追いついていない」という声が上がった。特に「生鮮食品・食材が少なく値段も高くて不満だ!!」という声が大きくなっていった。この動きを文化会議がとらえ、何とかしようと専門部の「生活研究会」が動き出した。いささか唐突ではあったが、文化会議が生産者から直接仕入れ、経営する「青空市場」（香里団地のセンター通路やひろばを活用して、無店舗で販売）が開店した（めざまし新聞10号1961.5）。新聞には、「新しい野菜をより安く、農業団体と手をむすんで、生活研究会の努力みのる」という見出しで、記事にされている。

これはインパクトがあった。

文化会議の狙い通り、青空市場の出現で、市場やピーコックの野菜の値段が下がった。団地自治会の婦人会が、まず団地内の店舗生鮮食品の値段が高いのではというかねてからの思いもあって、賛成しつつも調査を始めた。また、この青空市場を契機に反対の立場の区長会は紛糾し、区長会が連絡会レベルに縮

写真3-2　地区センター付近空き地での青空市場（1967）

小という結末になった。公団は「公共的な広場や通路を占有したら困る」と、団地の店舗群すべて公団が大家であることから、当然難色を示す。一方、団地自治会と文化会議は共闘し、青空市場に関して「団地内商店での野菜は安くなったが、団地内で販売されている鮮魚類はまだ高い、安くせよ」と鮮魚店に要求する旨、共同で声明を発表した。同時に、公団に対しては、「そもそも団地の団地づくりの無計画さが問題である」と、まずは施設の改善を要求した。結果、自治会と公団とで、「合同対策委員会」を発足させた（自治会報20号1961.7）。（写真3-2、3-3）

（2）「社会型」文化活動

　文化会議の活動は、組織的にはめざまし新聞を発行した10年間ほど続いたが、実質的には6年間ほどだ。その間、主体的に取り組んだ主要活動は社会的文化活動としての講演会・読書会、子どもフェスティバルの連続開催である。1960年代の後半以降は、弱体化していった文化会議の手から離れ、自治会や地域の文化的なサークル・グループが継承し担っていった。

写真3-3　青空市場　軽トラに野菜を満載して売りに来る（1967）

① 講演会・読書会

　第1回の講演会は、文化会議発足と同時期、1960年10月に松田道雄氏による「団地の医学」から始まった。団地での育児の諸問題を取り上げ、講演会のあとは、保育所づくりの問題について座談会が開かれた。以降、松田道雄氏は折に触れて、香里団地での共同保育、病児保育、学童保育などについて、文化会議の要請で、理論的、実践的に講演を行い、実施に向けての強力な理論的支柱となった。以降は、文化会議メンバーのツテを使って、京都大学をはじめ大学の先生方から、多方面にわたる講演会が行われた。1961年7月には「乳幼児の心理について」（京都市立児童院 嶋津峯真氏）、1962年9月「団地と医療」（東田敏夫氏）、また、異色だが1966年6月ベトナム反戦運動の講演会（30数名の主婦が参加）もあった。1960年代半ばあたりまでは断続的に、講演会があって団地の主婦を中心に数十名の参加を得ている。

　読書会については、文化会議主催以外のグループも含め継続され、多種多様な小グループによる読書会が続いた。文化会議の読書会グループは、第4回の

読書会（1961.5）では、井上清氏（京都大学教授）を招き「日本女性史」を読んだ（40数名参加）。あるいは、文化会議ではないが、新婦人による「わかば文庫」は子どもに本を読ませようと設立された。「香里団地読書会」は入居当初から始まり、8年間継続している。この8年間で110冊以上の本を読み、メンバーも93人もいるという（めざまし新聞12.25号1969、1970）。

　これらの読書会はその後も継続し、かつ、やがて香里団地に図書館をつくろうという運動にも発展していく"芽"となっていった。

② 子どもフェスティバル

　香里団地には、若年核家族が多く居住していることから、子どもも多い。団地や地域での子どもへの社会教育が不可欠である。親世代の関心も高く様々な文化・スポーツ関係の取り組みが進んだ。文化会議の主催で、1961年8月、「子どもフェスティバル」の第1回が、「夏休みも残り少なくなり、団地生活を少しでも潤してくれれば」と開催された。内容は、紙芝居、合唱、人形劇、管弦楽演奏などであった。以降、毎年夏に行われ1966年8月の第6回で終了した。

　1970年以降は、文化会議ではないグループによる類似の活動として、次節で述べるが「おやこ劇場」が発足し、活動を展開した。

③ 「香里めざまし新聞」の役割

　「香里めざまし新聞」（めざまし新聞）は文化会議役員の機関誌編集委員（3名）で作られ、月2回発刊、団地全体に無料で全戸配布された文化会議の機関誌。文化会議の理念の「コンクリートの壁をこえて生活の向上を目指す文化活動を」と、紙名の下にサブタイトルとして、毎号入っている。

　1960年9月4日の文化会議結成時に第1号が発行され、居住者にはよく読まれたそうだ。残念ながら、1971年8月25日の109号が最後となった。

　第1号には、「文化会議の設立趣旨と活動」のところに、「私たちの考えていること、感じていることを交流する、自主的な話し合いの場をつくり、生活の向上を期したいと思います。そのために民主主義的なやり方で、次のような文化活動を行います」と書かれている。この文章の後に具体的な活動として、先の3-1にあげた4項目の文化活動をあげている。

　また、団地関連の様々な問題・課題やイベントなど日常的な暮らしにかかわるあらゆるテーマを記事にし、論説を加え、専門家も登場している点も他にない特徴だ。

　めざまし新聞も11年間発行されたが、文化会議の活動が停止していくとともに、休刊を余儀なくされた。1971年10月、「ひらかた　住民のとも」と紙名を変え、再スタートした。創刊第1号から1973年5月の第20号まで発行された（めざまし新聞とは異なり、サブタイトルに「いのちとくらしをまもり地方自治を発展させましょう」と、団地の枠から出ている。めざまし新聞の後継版とされているが、取り上げる記事はより幅広くなっている）。

　ごく最近、このめざまし新聞の復刻版が、多くの団地内外居住者の賛同・参加により作られた（第6章6-3）。

　その復刻版の巻頭部分に、大前哲彦氏（大阪体育大学教授）が「香里めざまし新聞は枚方テーゼと義兄弟」との題でメッセージを送っている。枚方テーゼ（第2章2-1）が発行されたのは、1963年であるが、文化会議は少し早くにめざまし新聞の発行を始めた（1960）。大前氏は、文化会議による先駆的な公立保育所開設などの住民運動を、テーゼ起草者井上隆成氏（当時、枚方市社会教育主事）が取り込んだのであろうと推測している。

2 ｜ 文化会議への評価

　文化会議の活動については、特に保育所開設等運動に関して、共同、病児、学童も含め多くの高い評価がある。この運動が出発点で市内から全国へと広がっていった。いわば「モデル」になっている。

（1）活動内容について
①保育所等開設運動に偏った
　当初の方針として活動内容の項目は、比較的広範囲であったが、入居当初の居住者の最も切実な要求が公立保育所開設だとされ、それを暮らしの文化であるととらえ、保育所運動にまい進した。そして、さらに時間経過とともに、共

同保育、学童保育、病児保育の開設へと進んだ。しかし、運動がこれらに特化していて、他の課題とのバランスはどうであったのか気になる。

②その他の運動項目

公立保育所などの開設や青空市場以外でも暮らしに直結する、家賃、水道料金、交通問題等の、広範囲の生活環境改善の情報提供や運動も行っている。また、読書会、講演会、子どもフェスティバルなどの社会的な文化活動も行っている。主たる成果の保育所運動をはじめこれらの文化活動に関しては、文化会議が解散したあとも、文化会議以外のメンバーによって、今日まで引き継がれている。

（2）組織体制について

①会則はなぜ作らなかったのか

組織をつくり、長期的に組織を動かしていくには、その組織の会則なり規約は不可欠である。これがないから、現実の活動の内容は恣意的になるし、「活動をいつ辞めてもいいのでは」と組織内のメンバーも考えるのではなかろうか。

②リーダーや運動の継承

一般的に居住者は公私の理由で、香里団地から退去の可能性は誰にでもある。文化会議の役員メンバーの多くも、大半は10年以内に団地外に引っ越したことが、文化会議の活動停止に大きく作用していると思われる。これは当初からわかっていることでもあり、後継者などを手当てするなど対処の方策はなかったのか問われる。

（3）自治会との共闘

香里団地自治会との共闘は、家賃・固定資産問題と青空市場他などである。文化会議の活動内容は、自治会でも取り上げてもいい課題であり、一緒に取り組める。早い話が、保育所問題でも、部分的な共闘はあった。しかし、がっちり組んでいない。なぜだろうか。政治的な要素や思想的な絡みもあるのかもしれないが、団地の居住者の暮らしを考え、それを最優先するならば、一緒にやれたはずだろう。

　必要に応じて自治会と話し合いはなされているが、共闘するにしてもすみわけの方向を目指すにしても、議論が深まっていない。

（4）市民運動の限界

　述べてきたように、会則なし、人的継承がない、共闘は積極的でない、そして一連の保育所開設運動が終われば解散等、文化会議には市民運動としての限界があったことも事実である。

　ところで、文化会議の基本姿勢は暮らしに根差した文化の実現である。文化会議が取り上げた文化的課題は、暮らしに根差した、映画会、講演会、研究会・同好会、生活環境整備の会であったわけで、続けることが大事だ。そう簡単にやめていいものでもない。一連の保育所等の運動も、でき上がれば終わりではなく、その運営や改善、他にも開設する等時間の経過とともに問題は生じるし継続もする。

　各地区別に分かれ紆余曲折しながらも、今日まで継続して活動を続ける団地自治会と同じように、頑張って今日までくることはできなかったのだろうか。

　ところで、発足10周年に、「文化会議10年を顧みて」というタイトルで、記念の座談会が開かれている（めざまし新聞12.25号1970）。この中で、いみじくもある役員が文化会議の市民運動としての限界を語っている。

　「……『文化会議』は終わり『めざまし新聞』だけ残った。つまり、『第6回子どもフェスティバル』（1966.8）の後は、『文化会議』としてまとまった活動はなく、『めざまし新聞』の発行のみになった。……ノンセクトの運動は具体的な目標を達成したら、その運動体は終わりだ」と。

　一連の保育所関連の運動で盛り上がり成果が上がって、これで一見落着ということであったのだろうか。

5 コラム　コミュニティ活動事例として東京圏3団地の紹介

　香里団地と同じく、自治会活動と文化活動の両方があって、入居時期や団地の規模が類似している東京圏団地でのコミュニティ活動事例として3団地を紹介したい。

●多摩平団地「建て替え」前は 2792戸・1958年完成・日野市）

　多摩平団地では、1959年自治会が発足した。下水道料金不払い運動を契機に結成され、東京圏での住宅事情の悪さも手伝い、関西の香里団地に比べると、長く住み続ける居住者が多いようだ。

　多摩平団地では、文化活動組織として、「多摩平声なき声の会」と「多摩平文化連盟」の2つが香里ヶ丘文化会議とほぼ同時の1960年6月に結成されている。「多摩平声なき声の会」は、当時、東京で結成された「声なき声の会」(1960年、安保闘争を契機に結成された反戦市民運動グループ。鶴見俊輔氏、高畠通敏氏らが理論的支柱で、リーダーは小林トミ氏。無党派、個人原理が組織原則で規約等はない。戦後市民運動の草分けで現在も継承されている）の居住地域版として

結成された。

　「多摩平声なき声の会」には、香里ヶ丘文化会議と同じく、自由参加で規約もない。1964年に「多摩平和の会」と名称を変更し、より政治的課題に取り組むようになった。立川・横田の米軍基地に近いということもあって、取り上げるテーマは暮らしの問題よりも、ベトナム戦争や戦争反対あるいは原子力潜水艦問題などが主であった。

　一方の「多摩平文化連盟」は、文化・趣味のサークルの連合体として、1959年自治会と同年に結成された。この「多摩平文化連盟」は趣味（書道、華道、茶道、舞踊、音楽）などで1,000人ほどが参加したという。その他、老人クラブ(謡曲、囲碁、将棋など)、母の会（育児、託児問題など）そしてPTAと文化活動も盛んであった。

　物価・下水問題などの暮らし関連テーマでは、一部三者間で共闘もなされたようだが、保育所に関しては香里団地と同じ頃、自治会主導で日野町と話し合って実現している（補章参照）。

●ひばりが丘「建て替え」前は2714戸・1959年完成・東久留米市）

　1960年、「声なき声の会」結成の頃、西武池袋線沿線居住の知識人を中心に「むさし野線市民の会」が結成された。新安保条約強行採決の民主政治の危機の中で、自らの住む地域から本当の民主主義の基本を取り戻すべく、久野収氏など錚々たる学者・文化人が結集した。

　同時期にひばりが丘団地でも、「ひばりが丘民主主義を守る会」が結成された。この会は、「ひばりが丘市民会議」と合同して、1961年に同名の「ひばりが丘民主主義を守る会」となった。これも中心は、香里ヶ丘文化会議同様に知識人・文化人たちであった。この会は規約もつくり、映画会や講演会研究集会などを頻繁に開いた。

　また、1959年に「ひばりが丘保育の会」もつくられ、個人宅で共同保育所を始め、保育所の開設を自治体に要求していった。また、同時期に、「ひばりが丘団地親睦会」が発足し、1961年自治会へと移行した。

●常盤平（1960年団地完成時は中層4839戸・松戸市）

　1960年、自治会ではない「常盤平市民の会」が結成された。多摩平団地、ひばりが丘団地と異なり政治色はみられず、「団地の生活向上のために」という目的で発足した。翌1961年には保育所開設のための「常盤平保育所の会」を結成し、これをきっかけにして1962年自治会が結成された。

　公団後半の「建て替え」時期に入り、当団地は「建て替え」団地に指定された。しかしながら、自治会の「団地建て替えには理由がない」として、団地あげての一致した強力な建て替え反対の運動の結果、建て替え中止となった（2000年３月。いったん建て替え決定がなされた方針の撤回は珍しい）。以降は、保全・リニューアルの「ストック活用」に分類されていた（2018年の指針以降は「ストック再生」になった）（序章2008）。

3-3. 文化会議以外の文化活動

　香里団地での文化活動において、関西だけでなく、全国の大都市圏においても、文化会議の存在・パワーは大きく、マスコミを通じて全国に発信された。また文化会議以外にも、文化活動を担ったグループが多様に展開された。文化会議は1960年代の後半以降解消していくが、文化会議が取り組んだ諸活動の多くは、団地内他諸グループに継承されていった。これらを前節と同じく、文化活動を「環境型」文化活動と「社会型」文化活動に分けて、主なものを紹介したい。

　具体的なテーマとして、「環境型」文化活動では幼稚園増設、保育所運動の継続、図書館整備であり、「社会型」文化活動では、子ども会、おやこ劇場、読書会などだ。これらの多くは香里後半（1989年〜）にも受け継がれ、形や内容も変更しながら今に至っている（第2部第6章）。

1 ｜ 「環境型」文化活動

（1）幼稚園増設

　幼稚園問題はめざまし新聞の1965年10月25日号ではじめて取り上げられてから、記事が頻繁になっていった。当時、枚方市内では市立の幼稚園1園、私立の幼稚園2園のみで、そのうち香里団地では私立1園（勝山愛和）のみであった。若年人口急増による市民の幼児教育要求に全く応え切れる状況にはなかった。66年1月に文化会議が提唱し100人の母親が中央集会所に集まり、「市立幼稚園新設をすすめる会」（すすめる会）（会長：松山〈黒田〉昌子氏）が結成された。この結成には新日本婦人の会（新婦人）によるところが大きい。

　9月には、全入運動の請願署名も取り組まれた（団地新聞1966.10）。ところが、この頃から文化会議の活動低下がみられ、幼稚園開設の運動はここまでで、後は、このすすめる会が中心となって、「タンポポの会」（3〜4歳児をもつ母親の会、

会長：中谷弥充子）とともに二馬力で荷っていくことになった。もちろん、すすめる会にも文化会議のメンバーの一部は参加しており、文化会議によるそれまでの保育所運動も引き継がれていった。

　一方のタンポポの会の会員も400人に急増し、団地で8,300の署名を集め、市議会への請願などの行動などの結果、1967年4月香里小学校へ市立の幼稚園併設が認められた。同時に樟葉幼稚園が開園し、1968年春には、さらに2園が増え、市内で計5園になった。しかしながら、幼稚園への入所希望者はそれ以上に増加し、すぐ満杯になり、「幼稚園浪人」が出る状況であった。1967年9月には市長や教育長との交渉なども活発に行われ、市長と議会が、全員の入園方向の決断を下した。結局は多くの母親や市民たちの熱意が市政を動かした。1969年9月、すすめる会による「希望者全員の入園のための集会」が香里団地中央集会所にて開かれた。

　結果、香里団地では幼稚園3園となり、全員入園の希望が数の上では実現できた。しかしながら、市立と私立の差異の問題（父母の負担など）もあって、市立に殺到する事態をどうするかという問題も出てきた。1977年1月には、すすめる会が市長へ団地に公立幼稚園設置を要請した。

　以降、全入と市立への入園要求問題は半世紀もの長期にわたり継続している。

（2）保育所運動の継続

　1958年の入居直後に文化会議によって始められた保育所開設の運動は上述した。しかしながら、1970年前後に文化会議の活動が収束をみてからは、運動の主体も変わっていた。この文化会議の運動を引き継ぎ、1971年、すすめる会の要望が実り、私立「香里ヶ丘愛児園」が団地内の保育所とし開設したのだ。結果、その時点で公立は、「香里団地保育所」と「藤田川保育所」、私立は「敬愛保育所」と「香里ヶ丘愛児園」の計4か所になった。画期的な成果である。1981年には香里団地保育所が建て替えられた。

（3）図書館開設へ

石井桃子の名著『子どもの図書館』（岩波書店）などに刺激を受けて、1960年代、全国で自前の読書活動、家庭文庫が生まれた。

香里団地では、1964年12月10日号めざまし新聞に「香里団地に図書館を」という香里四中の中学生の投書が掲載された。これが団地内外で結構波紋を広げ、公共の図書館開設のきっかけをつくった[注5]。その後、1969年には香里団地に私設図書館「わかば文庫」が開設された。そして数年の間に団地内で5か所ほどに増えた。これらの運動の結果、枚方市は1971年、香里団地に市民の自主運営のミニ図書館を開設するに至った。

以上の経過を踏まえて、枚方市では1973年に市立図書館が開設された。そして同年、図書館行政の充実の一環として、読書会「子どもの本を広める会つくしんぼ」が発足し、以降は月に1回程度で読書会や絵本を読む会が継承された。以降少なくとも5年間は継続し、断続的ではあるが今も継続している。

1973年7月、枚方の最初の図書館分室が、香里団地公団事務所（香里兵器廠の建物）の3階に開設された。翌74年11月には現在の団地センターの新香里に新築移転し、分館として開設された（当時の建物はRC造2階建て931㎡で、その後北側に軽量鉄骨の平屋集会室棟278㎡を増築。敷地はUR所有・無償借地）。

少し戻るが、移転前にトラブルがあった。1972年、本地区にショッピングセンターの駐車場にする計画が浮上し、道路を隔てた西側にあるD50棟の居住者が中心になり、「駐車場よりも文化施設を」と反対の声をあげたのだ。この新香里地区は香里団地の中心部にあり、団地内主要幹線のT字路交差点で、京阪バスの発着地にもなっている。交通量も多い。車社会への抵抗もあって、居住者からは文化施設への要求が強かった。結果、駐車場設置計画は中止され、

注5　投書した第四中学生は、半年後先輩たちとも相談し、子ども会をつくりその中で読書会をやりたいと構想を立てた。その活動を通して、今度は図書館を開設したいと、再度めざまし新聞に投稿している。感心な中学生と思う。このような活字本の好きな中学生は、今でも香里団地にもいるであろうが。

写真3-4　旧香里ヶ丘図書館（2003）

上記の香里団地図書館分館が建設されたという次第だ。

以降、香里団地図書館分館は枚方市において、楠葉図書館とともに、南北の二大図書館分館として、その役割を果たしてきている。開館後は、半年間で56,000冊貸し出し、5,000人が登録し、団地居住者に大いに利活用され、早くも増設を望む声が大きくなったほどだ（団地新聞1975.4）。居住者・市民の、本を通じての知的あるいは文化的要求エネルギーは大きい。これが、開館5周年になると、蔵書24,000冊を越え月1万冊の貸し出しに増えた（団地新聞1979.9）。さらには、開館10年の1984年になると、蔵書も45,000冊を越え、中高生の読書会やおはなし会（幼児低学年対象）なども開かれた。

　図書館利用の輪は、石を池に投入した後の水面にできる円形の波のように、四方にさらに拡がり、読書会、講演会などを通じて、居住者は貪欲に学習し、それを活動に生かしていった。まさしく、「知を力にした」実践が静かに拡散していったわけだ。（写真3-4）

2 ｜ 「社会型」文化活動

（1）子ども会

　枚方市での子ども会のはじまりは戦後で、年々盛んになり1980年頃には、市内の児童の90％が加入するに至ったという（第1章文献1）。各地区の子ども会は七夕や夏祭り・地蔵盆・クリスマス・お別れ会など多くの年中行事を取り組んだ。

　これに呼応しつつ、香里団地でも保育所・病児保育、幼稚園、学童保育などの整備が一段落するに従って、必然的に子どもを地域でどのように育てるか、社会性や自主性をどのように身に着けさせるか課題になってきた。1960〜70年代には香里、開成、五常の各小学校単位で計42の地域子ども会があり、当

時は市から児童ひとり14円の補助もあったという（めざまし新聞1969.8.25）

（2）おやこ劇場

また、香里団地の居住者が中心になって、1972年3月「おやこ劇場」も発足させた。

「子どもに夢を、たくましく豊かな創造性を！」「子どもに未来を開く知恵と勇気を！」のスローガンに、テレビや絵本だけでなく、本物の文化に接する機会をつくろうと会員制で始まった。

1972年6月第1回の例会として人形劇団を呼んで以降、活動を展開。1980年には、団地居住者中心に2,700人の会員となった。

子どもの数が多かった時代のことではあるが、このような親と子が集団で、夢を語り知恵を継承していくというような文化的なイベントは、今や少なくなっているのではなかろうか。

［参考文献］
1）和田悠「香里ヶ丘文化会議による地域社会づくり─1960年代前半の団地における「市民」と市民運動」社会文化研究第15号（63〜88頁）、社会文化学会発行、2012.12
2）原武史『団地の空間政治学』NHKブックスNo.1195、2012.9
3）記録集「たたいて、ひらいて、むすんで─香里団地保育所作りの記録」（60〜62の記録）、文化会議＋共同保育会編、1963.6
4）家高憲三『枚方に住んで　働き　闘って』自費出版、2006.6

香里団地の「団地再生」と
コミュニティ活動

第4章

香里団地の「団地再生」

4-1. URの「団地再生」政策

　本節では、「公団後半」＝第2部のはじめにあたり、「公団後半」約30年間での UR 住宅建設部門の政策的背景・特徴および近年の「団地再生」施策動向を再整理、再確認しておきたい。このことより、以降の第2部をよりよく理解していただけると思う。

1 ｜ 「公団後半」の公団住宅建設の特徴

（1）URの住宅建設スタンス

① 「公」から「民」へ

　1970年代後半以降、「高・遠・狭」や未入居・空き家問題、その他含めて公団経営が行政だけでなく政治や社会からも大きく問題化され、マスコミなどからも叩かれ続けた。

　流れを加速させたのが、1982年に登場した中曽根政権による「新自由主義政策」や1985年の「臨調答申」だ。「民間住宅事業を圧迫している」「民間でできるところは民間にまかせよ」「公団の経営は杜撰だ」などと喧伝された。結果、公団の住宅建設事業は「民営化」に進まざるを得なかった。

② 住宅建設から「団地再生」へ

　"ストック元年"ともいえる1986年以降30数年間は、UR 住宅建設事業では新規に用地を手当てして住宅を建設するという従来のやり方を漸減させて、逆

に「団地再生」事業を増やし、それが基本となっていった（序章2015）。なかでも、「建て替え」が中心で事業が拡大したのだが行き詰まりを見せている。今や「建て替え」もせず、まだまだリニューアルすれば十分使えるような住宅を潰す「集約」（コラム6 ▶ 109頁）を主要事業にするところまで進んできている。

③ 一皮残る "公"

　URは公的住宅政策から遠ざかり、民営化傾向が著しい。しかしながら、公的立場が一皮残っていることには注目しておきたい。

　UR賃貸住宅は「住生活基本法」（2006）では第2条の定義のところで「公営住宅等」の中に含められ、公的住宅扱いがなされている。また、「住宅確保要配慮者に対する賃貸住宅の供給の促進に関する法律」（2007）においても、第2条の「公的住宅」の一部として、セーフティネットの1つとしての役割も期待されている。

　さらには、「都市再生機構法」（2004）第25条4項には、高齢者や身障者などの居住の安定を図る必要がある居住者には家賃の減免措置を定めている。

（2）豊かな団地暮らし要件へのUR対応
① 「公団後半」の「安全」「快適」はどうなったか

　「公団後半」（1986 〜）の住宅建設は、団地再生が主要な事業へと進む。この中で、公団住宅の「1丁目1番地」であった「安全」「快適」にかかわる施策はどうなったのだろうか。

　表4-1をみるとわかるが、同じ30年間をみても後半は、およそ計画や設計の指針や技術開発の項目の数もダウンしている。新たな計画や設計の技術は新たな展開（特に量的）を見せず、それまでの蓄積を使い回しながら事業を進めてきたことが読み取れる。「公団前半」までのように、居住者・市民の暮らしの実態をつぶさに見て、新たな暮らしの豊かさを追求し快適性を求め、そのための調査や研究はしなくなってきていることの反映でもある。

　つまり、URは、後半は安全も快適も一定は考えながら、かつ社会的な要請でもある「環境共生」や「長寿社会対応」あるいは「ニューモデルの設計」といったことも、一定程度は実施された。しかし、一方ではむしろコスト削減を

徹底して重視する経営最優先の方向に進んできた。

②「安心」と「文化」への対応

「公団後半」、居住の安心に関しては、前半同様、家賃の高額さは連綿と問題であり、新たに「住み続け」と「高齢者などの居住福祉」が問題化して、これら3点が主要な課題となった。総じて、居住者の豊かな団地暮らしの前進にとっては、要求すれど"相変わらず進まない"のが実態だ。しかし、居住者の暮らしの実態や声に応えて、URもわずかだがウェルフェア事業や居住者とのコラボなどでの動きはある。URも時流や社会的な要請には応える用意はある。今後は、このあたりに居住者がコミュニティ活動を進めることで居住者・自治会とURとの協働可能性をみる。

③居住者とURの協働

以上①②のようにURも民営化し、住宅を削減したりしているが、その立場その枠内からとはいえ、居住者の団地暮らしを大事にしようという思いも、「公団前半」での官僚的・公務員な対応とは異なって芽生えてきている。これは、URにとっての自己変革でもある。

一方、そこには団地居住者が団地ごとにまとまり、URに要求を出して話し合うという、これまで以上に自主的・自覚的な自治会活動が求められている。そして同じく、居住者個々人の趣味や興味にあった自主的・自覚的な文化活動を展開することも大事だ。その過程で、URとの接点も出てこよう。

2　URの「団地再生」

（1）「建て替え」のスタートと経緯

1986年、公団は賃貸住宅の「建て替え」計画を発表した。

実施に当たっては当時東京工業大学の石原舜介氏を主査にした「石原委員会」の答申により、管理開始時期別に、「昭和30年代は『建て替え』、同40年代は増改築や大型化、および居住者の要望により住戸内設備のグレードアップ化、50年代は保全」という基本的方針が立てられた（この時の「建て替え」予定戸数16万戸）。

「建て替え」事業当初は、公団の公的役割も評価され税金も投入された。公

表4-1　URの「安全」「快適」に関する計画・設計・技術の「前半」と「後半」の事例比較

	1955～　公的立場と都市住宅の大量建設	1986～　民間的立場と「団地再生」
コンセプト	・大都市圏で広域供給。早く、大量に。都市住宅様式の提案・定着 ・補助金や財投を使って都市勤労者向け賃貸住宅建設 ・学会・研究者・大学、住宅産業、住宅部品・部材メーカーと協働した住宅関連開発 ・計画・設計・施工面で多様な技術を提案し、住宅関連業界をリード	・経営採算、民間の効率性重視（有利子負債償減少、コスト削減） ・「団地再生」（建て替え、集約）が主事業 ・わずかな家賃補助等があるが、公的補助ゼロに近い ・"一皮が"の公的立場（セーフティネットを担う）あり
安全性	・安全性の確保は居住者の暮らしの「一丁目一番地」、特に力を入れた。 ・住宅と屋外空格な建築学会基準を上回るような計画・設計・施工等の基準設定 ・居住者基準に基づき調査研究し、企画・計画・設計にフィードバック	・安全性は一皮の公的立場もありキープ ・計画・設計・施工の基準は民間の目で見直し徹底
快適性	・快適性を向上させる住宅の計画、設計の要領から基準を設定した ・マスタープランで、団地屋外のゆとりある空間を創出 ・住戸はDS型（広い間口型）、住棟は中層階段室型を基本に提案、定着させた ・設備水準は常に他の公や民の住宅をリード ・「高・遠・狭」は問題であった	・屋外空間の快適性ダウン（建て替えで高層・高密化。屋外空間は立体駐車場が大占地、広場や子どもの遊び場が大幅に減少し、"ゆとり"をなくした。「団地再生」残地は民間譲渡で、マンション、戸建、商業施設が無秩序化） ・高齢者対応、子育てや居住者参加の多様な文化活動など、ソフト対応面で創られた多くの団地が先進的な部分も幾分かある ・高齢者対応、あるいは居住者弱者支援等、地域医療福祉拠点化
URの計画・設計・技術における、安全・快適にかかわる方針と技術の事例（数字の西暦下二桁）	59：団地設計、60：住団設計要領、検討会、60：標準設計、63：全国統一標準設計、造園設計指針、64：公共住宅標準設計図集、65：道路設計基準、65：テラスハウス、66：通路設計要領、72：周辺環境の緩和、76：地域対応設計、77：需要対応工法、78：個別設計へ（都市型低層）、79：ニューモデル中層（低層）、設計、78：中層、85：歩者分離 55：洋風便器、58：ステンレス流し台、65：BF釜、67：床置型洗面器、60：KJ制度、70：4畳室型（老人対策）、74：BL制度、2×4工法、75：リビングアクセス、76：暖房給湯、ごみ真空輸送、FRP浴室型、77：キャビネット、78：床暖房、バス乾燥、大型洗面台、79：ソーラー、80：多機能便座、83：オール電化、84：システムキッチン 高齢者・障害者対策、81：レンジフードファン、82：二戸一改造、85：フリープラン、家具付加、ライフスタイル対応。中層増築	92：環境共生住宅、93：高齢者住宅、98：高優賃制度化、02：ペット共生、06：パーバーハウジング、11：ブリックツアート、96：長寿社会対応、DIY住宅、12：MUJI×URらしく、13：地域医療福祉拠点化 86：モデルプロ、89：ジェクト、90：WRPC工法、シニア住宅、SOHO宅、ユーメイク、コスト低減モデル、98：KSI住宅実験棟、03：デザイナーズ賃貸、11：ルネサンス計画II、カーシェアリング 88：ライフアップ、90：コージェネシステム、12：太陽光発電
	住棟配置　住戸　住棟　住戸設備	住棟配置　住戸・住棟　住戸設備　住棟配置・ソフト対応　住戸・住棟　住戸設備

団の計画・設計基準も遵守しつつ、一般公募の新規住宅も含め、「建て替え」事業を行った。また、「建て替え」事業ではあるが、戻り入居者用住宅だけでなく、残地（建て替え後、戻り入居者などの住宅を確保した後に残存する公団の用地）には一般公的募集用の賃貸住宅も建設していた。驚くことに、ごく初期には分譲住宅も建設され、戻り入居者用の分譲住宅になった事例もある。

　このように、1986年以降20年間ほどは、30年代管理開始団地の「建て替え」にまい進していった（この間着手ベースで、総計約11万戸210団地）。

（2）2007年の「再生・再編方針」

　政府の独立行政法人合理化促進の背景下、2007年年末に「UR賃貸住宅ストック再生・再編方針」が出された。この方針のポイントの一つは、戸数削減が大きく掲げられたことだ。日本全体として「居住者数に比べ住宅が余っているから」という理由だ。数字だけに頼った説得力のない理屈で良質な公団賃貸住宅を削減してしまうことは、大いに問題であった。

　もう一つは、「団地再生」手法のなかに、"さりげなく"「集約」のことばが入ったことだ。これは「建て替え」もせず、戸数削減を目的に住宅適地の良好な敷地を民間に譲渡するなどにより、一層民間事業補完にシフトすることになる。

（3）2018年の「活用・再生ビジョン」

　2018年12月、今後の賃貸住宅ストックの活用を定める「UR賃貸住宅ストック活用・再生ビジョン」（活用・再生ビジョン）が公表された（URHP参照）。活用と再生については団地別の類型化の中で「ストック活用」（25万戸）、「ストック再生」（45万戸）、「土地所有者等への譲渡・変換等」（2万戸）（総計72万戸）と分類されている。またこの現ストック72万戸を2033年度末には65万戸に削減するとも書かれている。

①「活用」について

　「活用」は、比較的新しい1980年以降管理開始団地が主要な対象である。これは高齢者の福祉施設や子育て支援やその他団地での、安全・快適・安心そして文化にも適用される事業であれば、評価できる面もある。

② 「再生」について

ストック再生には、「建て替え、集約、用途転換、改善」の4つの事業があるとされている。「建て替え」と「集約」がポイントだ。

● 「建て替え」は可能なのか

事業継続中の団地や建て替え後に十分な需要があり家賃がとれ、かつ、法的に問題がないなどの事業上特別有利な条件がないことには、基本的には実施しないであろう。実際どれぐらいが該当するのか、建て替えのわずらわしさなども含め現下では皆無に近いのではなかろうか。

● 「集約」がメイン

このようなことから、今後のURのストック再生手法の本命は「集約」だ。その対象が45万戸（管理開始40年以上の高経年住宅）と大きく増加した。「集約」は「建て替え」と異なり、手っ取り早い。戸数削減効果が大きく、もちろん費用もさしてかからず、残地も多くなり売れるなら売却益も大きい。UR経営の大きなネックである有利子負債削減に寄与する。現下のURの民営化路線にはぴったりだ（コラム6）。

（4）「地域医療福祉拠点化」には可能性がある

① 概要

今後のURの「団地再生」の基本路線は前述の「活用・再生ビジョン」である。その中の具体的な事業の展開として重要な位置を占めているのが、URの「ウェルフェア総合戦略部」（ストック事業推進部との両輪で72万戸の活用・再生を進めるようだ）が進める「地域医療福祉拠点化」の事業である（URHP参照）。

概略は以下のようである。

2025年度を目標とし、公団住宅ストックのボリュームゾーンでもあった昭和40年〜50年代建設のUR賃貸住宅団地を中心に、150団地（1,000戸以上の大規模団地。香里団地もその中に含まれている）を対象にして

● 医療・介護・子育ての施設を誘致

● 各世代のニーズに配慮した住宅やサービスを提供

● 高齢者も子育て世代も安心できるコミュニティを形成

を進めていこうとしている。

　URのHPで事例集をみると、居住者・自治会、地域の保育・介護・医療事業者、子育て・高齢者NPO、UR・自治体、などが参集して多種多様な拠点化事業が進められていることがわかる。

　この「地域医療福祉拠点化」事業については、団地を活用し、周辺も含め、地域の医療・福祉のサービスシステムを団地内の空き住戸や空き施設を活用して構築することは、団地居住者や周辺市民皆の暮らしが豊かになることにつながるなら意義は大きい。URは団地空間の提供と事業全体の調整、NPO法人や民間事業者が自治体や国の諸制度を使って、サービス体制を構築し事業を展開する、というスキームだ。

② 問題は利用者の費用負担

　公団団地には高齢者等が多くその居住密度も高く、需要の面からみると事業者にとって極めて"おいしい"事業になりうる。ところが、民間企業等からのサービスを受けることになり、居住者からは介護や医療そして年金などの相次ぐ後退政策の下で、費用負担が厳しい。

　一方居住者誰でもが利用できないような施設を団地内に設置することになれば、それは問題だ。高額の家賃負担に苦しむ（あるいはかつて苦しんできた）高齢あるいは低所得の居住者からすれば、納得できない。誰でもが利用できるような費用負担あるいは使い勝手となるような、システムを構築することが求められる。

　そのためには、国や地方の自治体も法制度的にも財政面でも、継続的にバックアップし、それを拡大・展開していくことが不可欠となってこよう。

　以上、URの住宅建設事業は、「団地再生」から「集約」＝住宅削減という方向にある。一方、URにとっては、居住者の要求に沿いたいという事業動機もある。しかし、現実は居住者からすれば全く応えきれていない。ここに居住者によるコミュニティ活動の必要性が生まれる。

このように、大きく変わるURの住宅建設事業の展開の中で、今後は「団地再生」のみならず、大きくウィングを広げて、管理や保全、さらにはまちづくりに関しても、居住者誰もが豊かな団地暮らしができるようなURのあり方も問われていることは間違いない。第2部の各章から、具体的に読み取ってほしいと思う。

6 コラム　問題の多い「集約」

「建て替え」を始めてから20年も経つと、公団が対象にした昭和30年代建設団地「建て替え」はほぼ終わる。ただ、次の40年代以降建設団地の「建て替え」となると、いろいろ問題が出てきて、30年代建設団地のようにはうまくいかない。

なぜか。「建て替え」は従前の団地容積率が低い程事業がやりやすい。ところが、昭和40年代以降建設の団地は、時代とともに容積率も高くなってきて、「建て替え」事業は採算ラインに乗りにくい。しかも、居住者の中には、低所得者や高齢者も増えてきて、事業を進めるうえで、その事務的な処理にも、"てま・ひま・かね"がかかるようになってきたからだ。

そこで、「活用・再生ビジョン」により「集約」を本格化する方向となった。

居住者・市民の暮らし目線では、この「集約」には問題が多い。

まず、長年住み続けてきた居住者を追い出すという、借家権を疎かにして、既存の住宅を潰し跡地を民間に売却するだけという。住宅建設を業としてきたURにとって、あるまじき事業選択になる。

一方では、大都市圏では良質・低廉な賃貸住宅が極めて不足している。特にファミリー向け賃貸が圧倒的に少ない。それだけに、"良質な公的住宅"である公団賃貸住宅を除却してしまうことなど、ほんとうにもったいない話になる。まだ使える賃貸住宅を潰し、国費の投入された公団用地の残地を民間に売却することになる「集約」など、本来考えられないことだ。

4-2. 香里団地の「団地再生」

1 ｜ 「団地再生」の概要

（1）経緯

香里団地の「建て替え」は、1994年2月のA地区での事業説明会がスタートだ（下記、香里団地「団地再生」のながれ参照）。

特に、香里団地は、ニュータウンと言われたほどの大規模性、団地の建設計画の先進性、そして活発な居住者の自治活動や文化活動、これらを新しいライフスタイルとしてマスコミなどでも取り上げられ、小説や映画にもなった。

このようなことから、URにとって「建て替え」を実施するうえで全体的・総合的な計画が不可欠で、いわば「手ごわい団地」であったものと思われる。

これらのことが、公団内部で実施（＝説明会）に向けての検討の時間を要し、1986年から8年も時間がかかってしまったということであろう。同時にA地区については1987年と早い時期に募集停止がなされており、「建て替え」事業は時間の問題であったともいえる。以降、着手まで7年もかかったということは、上記の理由と自治会や居住者からの「建て替え」への賛同者が少なかったことも影響している。

香里団地「団地再生」のながれ（西暦で表示）

A、B、C地区	
1986	UR、「建て替え」方針発表
1987	A地区（「建て替え」Ⅰ期）募集停止
1993	グランドプラン作成、枚方市へ提示
1994	A地区（「建て替え」Ⅰ期）説明会（着手、889戸）
1996	B地区（「建て替え」Ⅱ、Ⅲ期）説明会（着手、1,075戸）
1998	A地区（「建て替え」Ⅰ期）管理開始（みずき街：437戸）
2001	C地区（「建て替え」Ⅳ期）説明会（着手、754）
2001	B地区（「建て替え」Ⅱ、Ⅲ期）管理開始（けやき東街：773戸）
2006	C地区（「建て替え」Ⅳ期）管理開始（さくらぎ街：205戸）
D、E地区	
2009	E地区「集約」説明会（634戸）
2012	E地区1〜5号棟180戸移転完了（3月）
2016	D地区「集約」説明会（1,499戸）
2018	D地区第Ⅰ期（D50棟、320戸）移転完了（3月）。事業管理区域1,179戸

（2）建て替え後現状

① 建 て 替 え 後 の 住 宅 戸 数

今のところ、香里団地D、E地区は「集約」で進む予定であることから、事実上UR賃貸住宅への「建て替え」は終わった。表4-2からわかるが、「建て替え」前は、UR賃貸住宅4,881戸であったものが同賃貸住宅3,048戸に縮小することになる。差し引き1,833戸減で、4割近い公団賃貸住宅戸数削減効果があったということになる。

表4-2　香里団地地区別再生後戸数（2018）

	A地区	B地区	C地区	D地区	E地区
建替前4851戸*	889	1075	754	1499	634
着手年度	1993	1996	2001	2008	2016
建替後戸数3048戸	437	773	205	1179	454
管理開始年度	みずき街 1998	けやき東街 2000 〜 05	さくらぎ街 2006		

＊再生前UR賃貸住宅戸数4851と4881との差は、店舗付き住宅30戸分

② 残 地 の 民 間 譲 渡

公団の「建て替え」事業で、残地を民間に売却した最初が香里団地A地区であり、UR「建て替え」元年からいえば15年後の2001年9月のことである。そこには、民間の高層マンションが建設された。これを嚆矢に、以下のように次々と、各地区の敷地の一部分が民間事業者に譲渡された。（図4-1）

民間事業者に譲渡された地区

A地区	民間マンション609戸、戸建て74戸
B地区	民間マンション315戸、戸建て145戸、介護保険施設・有料老人ホーム、フィットネス、カフェ
C地区	戸建て、サ高住50室、病院、高齢福祉施設、コンビニ、理容等
D地区	未定
E地区	戸建て住宅（E1 〜 E5の5棟分）、その他は未定

2 ｜ 再生マスタープラン

（1）香里団地再生グランドプラン

① 再 生 マ ス タ ー プ ラ ン の 作 成 体 制

大規模団地であり、「団地再生」には10年単位の時間がかかり、事業の規模

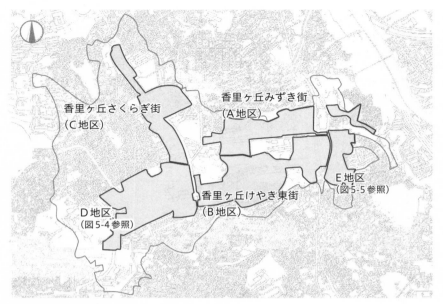

図4-1　香里団地「団地再生」現状図（2018）

も大きくなる。自治体や社会への影響も大きい。新規の大規模団地の開発時同様マスタープラン（MP）が必要だった。公団が、このMPを作成するにあたり前段として「大規模団地建替学識者懇談会」（懇談会）を組織した（1992年度）。主査は、香里団地開発初期に大学院生として、西山氏の下で団地MP作成にも携わった、京都大学名誉教授の巽和夫氏であり、公団に助言と指導を行った。

　ただ、その懇談会には団地の居住者・自治会代表や枚方市の職員が参加していない。枚方市にとって香里団地は、市の「南部地域」で都市整備や住宅再生においても重要な位置を占める(注1)ことから、少なくとも枚方市の職員は参加してもおかしくない。ここのところは、東京圏での大規模団地の「団地再生」での先進団地、例えば多摩平団地（補章参照）や武蔵野緑町団地(注2)などと違って、居住者や自治会の事業への実質不参加とともに残念なことだ。

　②香里団地グランドプランの内容

　「香里団地再生グランドプラン」（グランドプラン）については、1993年発行の同名の報告書（平成5年8月、住宅・都市整備公団関西支社改善業務部）（文

献1）がある。

　その報告書の「はじめに」をみると、香里団地は規模が大きく複合的な都市機能も有することから、「建て替え」事業ではなく再生事業だ、と書かれている（この頃はまだ「団地再生」や「再生」というキーワードは真新しい。以降、徐々に定着）。

　また、「この再生計画は……将来の計画にフレキシビリティを与え社会経済の変化に対応したものとする必要がある」として、「基本構想と計画の枠」として策定するとしている。つまり、基本的には、今のインフラ（道路体系、緑・公園）、生活関連の諸施設・センターや住宅地割りなどの基本部分はそのままにして、将来の変化に対応すべく大まかなフレームのみを決めて、細部は将来に委ねよう、という組み立てになっている。

　住宅の再生総計画戸数も6,500戸（再生前は賃貸住宅4,881戸）、賃貸住宅地部分の計画平均密度120％（「建て替え」前時点では47％）、計画期間は20年としている。再生計画には、公団賃貸を中心に、公団分譲、公営住宅も含まれているが、民間のマンションや戸建てなどは想定していない。

　③「建て替え」が前提

　ただ、団地全体がすべて「建て替え」ることを前提にしたMPであり、この時点で、リニューアルでの再生はないことを内外に示している。つまり、URの方針により香里団地の再生計画がすべて「建て替え」によることが前提になっている。このMPはURによって策定されたことになっているが、懇談会の助

注1　1993年度策定の「枚方市都市景観基本計画―枚方の新たな魅力を創る―」には、香里団地を含む周辺は、枚方南部地域に区分され、「1.長年培われた緑を受け継ぎ、アメニティ豊かなふれあいのある生活環境の育成」と、景観形成の方針が示されている。
注2　1957年入居の東京都武蔵野市にある、中層・1019戸・32棟の団地であった。建て替え後の団地名は「武蔵野緑町パークタウン」。延藤安弘氏などの研究者や専門家も加わり居住者参加で進められた。高層住宅群に建て替えられたものの、住棟の階数・分節、配置・屋外等についても居住者・自治会の要求・意見が取り入れられた。しかも、公営住宅と介護老人保健施設併設の実現は画期的だ。居住者にとって安全・快適だけでなく安心の部分でも、多摩平の森同様、かなり確保できた。建て替えで自治会にまとまり、公団や自治体と話し合いを重ね、三者間で協働関係ができることで、結果、要求が大きく前進した好事例。

言・指導を踏まえて策定されたとある（文献2）。

　この懇談会で、できる限り「建て替え」前の団地の姿をベースに、事業としてはリニューアル（リノベーションとリフォーム）を中心に提起できなかったのか。また、全体的にコントロールできるような団地再生の提案をして、URを指導できなかったのだろうか。

（2）香里団地景観形成基本コンセプト

　前述のグランドプラン策定の時期には、第Ⅰ期・A地区・866戸を対象に説明会（1994）があった。つまり、香里団地の「建て替え」が着手されたわけだ。同年2月には、現地にURの「建て替え」事務所も開設されたが、A地区の該当賃貸住宅の補充停止から7年経っていた。

　当UR事務所では、A地区居住者の想い出の道・風景、残して欲しい樹木などを居住者・自治会から積極的に聞き、団地内ウォッチングなどを取り組みながら「建て替え」事業を進めた。このように、当時「建て替え」に際しURは、屋外設計については多少ではあるが、居住者・自治会の要求を聞き入れ事業に生かし実現している。

　ただ、「建て替え」の住戸・住棟の計画や設計に関してはUR側の方針通りに進んだ。URは、香里団地で、新しい住棟・住戸や設備、施設計画、屋外などでの提案や新しい試みの挑戦はみられない。

　このような時期に、「香里団地景観形成基本コンセプト」（基本コンセプト）が策定された（文献2）。香里団地の重要性に配慮して、「建て替え」についてはA地区の「建て替え」もはじまっており、「団地の全体景観の形成を早急に決める必要が生じて、「景観形成コンセプト」が策定されることになった」（報告書「はじめに」から）とある。今後長期にわたる事業であり、様々な変更が予想されることか、大まかなガイドラインを決めておくことが、不可欠と判断されたわけだ。策定にあたり、「景観形成基本コンセプト策定委員会」が、巽和夫氏（当時京都大学名誉教授、福山大学名誉教授）を委員長に、公団職員、そして著名な関西の設計事務所大手4社を委員として組織された。

（3）グランドプランは問題を含む

　前述の「グランドプラン」と「基本コンセプト」は、香里賃貸団地「団地再生」に際して、公団、研究者、大手の設計事務所の参画のもとで、作成された。実現されないことには、画餅に終わる。

　では、実際はどのような方向で空間のカタチが出来上がっていったのか。「団地再生」着手時（1994）頃と現時点（2020）の二時点での香里団地の居住空間を対比しながら、再生のMPであるグランドプランを、居住者目線でみてみよう。

① 建 て 替 え の 住 宅 計 画 は 問 題 が 多 い
● UR賃貸住宅ゾーン

　1）高層・高密化……団地のインフラを除いた"あんこ"の住宅地部分（ネット）はどうなったのか。「建て替え」前のあんこ部分には、4,881戸の賃貸住宅からなる中低層住棟（＋高層1棟）が配置され、容積率も低いゆったりした賃貸住宅地であった（写真4-1〜4-3）。

　ところがその部分を全面「建て替え」たグランドプランの計画はどうか。述べたが、現状のネット容積率47％が120％の平均計画密度へ、UR賃貸住宅戸数は4,881戸が6,500戸へと高層高密の計画がイメージされる。つまり、戸数は33％、容積率は2.5倍に増え、密度は相当大きくなる。

　結果は、UR賃貸は3,048戸と大幅に減少したものの、残地に民間のマンションが建ちこれらのゾーンは、一層建て詰まり感が強い。

　2）新しい試みのないUR賃貸住宅……なるほど、関西を代表する大手の設計事務所が参加するので、洗練された斬新な外観デザイン提案はある。しかし、いかんせんURの「建て替え」の事業計画が窮屈で柔軟性がない。すべて高層片廊下型の住棟で変わり映えしない。家賃も上限があったりしてそれを縛りにすると、住戸平面も決まりきったFS型（序章2015）の標準設計平面になる。巽氏も指摘しているが、新たな暮らしを先取りするような「新しい試み」をやるといったような先導的な住棟や住戸平面は出現の余地がない^(注3)。

写真4-1　段ボールを使ったヒップスキー（1971）

写真4-2　長大のり面の向こうにテラスハウス、その向こうには青空（1971）

写真4-3　空き地を上手に使って、のびのび遊ぶ子どもたち（1971）

● 民間分譲高層マンション

　香里団地はその最初であったが、「建て替え」での「残地」を民間事業者に譲渡するようになった。これが高層民間分譲マンションの林立になって問題をはらんでいる。

　URの建て替え後住宅も高層化するが、民間の高層分譲マンションはより高層・高密化している。高層住宅が林立し高密化されることで息が詰まりそうになる。屋外スペースが減少したうえに、立体駐車場で埋められ、子どもの遊び場・くつろげるところ、人々が交流する場が建て替え前に比べ極めて少なくなった。また、かつてのように、遠景には生駒山や北摂の緑が見えるなどの見通しがきかない。見上げるような建物で、青空が部分も狭い。大通りはいいが、一端住宅地内に入り歩くと、先々が見えない。むしろ、建物の"陰"等防犯上気になるスポットも多くなった。

● 民間戸建住宅

　さらに「残地」の問題は、民間の戸建て住宅に建て替わった譲渡地だ。

　民間の戸建て業者にすれば当然だろうが、できるだけ土地を安く

買って、できる限り住宅用地を多くとり、利益を上げたい。その結果、法制度ギリギリで計画・設計し販売することになる。すると、例えばこれまでの豊かな自然を残した住宅地の"のり面"がなくなり、垂直の高い擁壁を築造し、占有の敷地面積を増やす手法が採られる（居住者からは、

写真4-4　C地区民間戸建用地に築造された高い垂直擁壁

"刑務所の壁のようだ"と揶揄されている）（写真4-4）。ゆったりと配置されていた中低層のUR賃貸住宅の敷地周りの景観が全く変わり、殺伐とした風景になる。グランドプランには、低層高密ゾーンも計画されているが、結果的には、どこにでもある、戸建ての住宅地と化している。これでいいのだろうか。

② インフラ（団地の基盤施設）の整備

　第1章で述べたが、香里団地は周辺地域も含み4小2中の2地区で構成されている。この開発当初の近隣住区理論のフレームは今回のMPでも変わっていない。

　インフラについては、開発当初、「キャパシティも十分な道路のネットワーク、個所数も各々の面積も多く豊かな公園や緑地の配置、戦前からの起伏に富んだ地形や自然を残す」といった考え方で計画、造成された居住空間は、長年の利用に応え親しまれてきている。これらはグランドプランでも踏襲された。その

注3　雑誌「建築と社会」の「座談会—香里団地再生事業をめぐって—」（1994.11月号116p〜120p）の中で、巽氏は「私は、大学院の頃に香里の計画に関わって、個人的に大変思い入れの深い団地です」と述べている。その後、「懇談会（大規模団地建替学識者懇談会）などを通じて感じていることを述べます」と発言した後に、概略以下のような問題を提起し、公団としての意気込みを見せるべきだと"叱咤激励"している。
①「建て替え」後の住戸・住棟の設計においては、新しい試みをやるべきだが、「建て替え」となると、陳腐なものになっている
②居住者の参加については、取り組みが消極的で交渉の進め方にしか関心がないように見える
③居住者には手厚い対応をしているが、事業経営上採算はとれるのか。

写真4-5　こもれび水路で水遊び（1993）

結果、60年経過した現在でも変わらず、香里団地のインフラ関係はびくとも
せず、その豊かさは継承されている。

　しかしながら、今の団地をみるにつけ道路をはじめ市民に親しまれている中
央公園や緑地、こもれび水路の維持管理については、枚方市担当部分が多かろ
うが、もう少し手を入れるなりして居住者・市民が誰でも気持ちよく使えるよ
うな、ていねいな維持管理が必要ではなかろうか。一方また、地区や街区のセ
ンター周りに関しても、当初から結構空間的なゆとりもあり、UR担当であろ
うこの部分も、もっと気持ちよく維持や管理が行われることを期待したい。（写
真4-5 ～ 4-7）

③生活関連施設の整備

　香里団地の中心部の地区センターおよび旧Ａ、Ｃ、Ｄの近隣センターも「建
て替え」が進んでいる。

　地区センターでは、ピーコック、公設市場は建て替わり、管理事務所などに
使っていた旧香里兵器廠の建築物あるいは当初の戸割店舗も姿を消し、新た

写真4-6　こもれび水路。子どもは水が大好き（1993）　　写真4-7　中央公園では、子どもの野球の試合もできる（2004）

に、店舗・飲食、診療所・高齢者の施設群が出現した。病院、診療所も「建て替え」られ高齢者のデイサービスや介護用品の販売店に変わってきつつある。かつての戸割店舗は公団側で計画し設計したので、1階が施設で2階が住宅という形式であったが、「建て替え」後は住宅の姿は消えた。

　施設の計画・設計もかなり自由に、民間事業者の手で進められている。それだけに、建設当初の公団によって統一的に設計された生活関連施設とは異なり、デザインの不統一性がみられる。また、ピーコック広場もなくなった（写真5-3）。香里団地においても、「団地再生」の全体MPはURが実現についてもイニシアチブを堅持しながらも、民間の自由性も受けとめるという柔軟性をもったものにしなければならないことはある程度理解できる。しかしながら、前述のように、1956年頃の建設当初のMPのインフラは、「団地再生」MPにも生きてきているだけに、これら生活関連施設のMPも何とかならなかったのだろうか。

4-3. 「団地再生」2つの道

1 ┃ 安心居住の「団地再生」へ転換を

　本章で述べたことを基にして、これからのURのメイン事業であろう「団地再生」のあり方を考えた場合、2つの道が考えられる。1つは、URの所有する

72万戸（1,532団地）を民間経営の立場で、どのようにして2033年度末までに7万戸削減し、どのような事業を実施・展開していくかという方向だ。

　もう1つの道は、例えば一皮残る公的立場を拡大し、以前とは異なるにしても、公的な住宅政策を拡大し、展開する方向でURを活用する道だ。つまり、居住者・市民の立場から団地を再生し、豊かな団地暮らしを一層前に進めるという方向に沿った展開だ。みてきたように現URの「団地再生」の政策や方針が変わらない限り、全く「安心」できるものではない。居住者にとってどのような「団地再生」であれば、「安心」居住につながるのかここで整理する。以下の4点だ。

（1）リニューアルに徹する

　URの「団地再生」は、この30年間ほどで「建て替え」から今や「集約」へと進んでいる。だが、実はこの間、URは結構リニューアルも手がけていて、リフォームだけでなくリノベーションの実績や長年にわたる公団管理部門による保全・改善の蓄積も多くもっている（序章2008）。総じて、技術的には何でも対応できたのだが、それがだんだんやせ細ってきているのが現実だ。

　さて、リニューアルでの「団地再生」であると、居住者・市民にとって、住み続けることができて、以下のように多くのメリットが生じる。

- 数十年など長期間にわたって紡いできた近所づきあいやコミュニティが壊れず維持できる。
- リニューアルを中心にすることで、家賃もさほど上昇しない。
- 住棟などがそのまま残り、団地の景観も維持され、リニューアルによるデザインで、団地の一層の良さが発揮できる。
- 建て替え、集約は資源の浪費につながるが、リニューアルだとそれがない。
- 引っ越しのわずらわしさがない。

（2）支払い能力に見合った家賃設定

　これまでの「団地再生」では、特別優遇措置により、戻り入居の場合だが比

較的安くなる場合もある（第5章5-3）。家賃の引き下げは不可能ではない。リニューアル後に入居する外からの来住者も住み続けられる家賃設定が望まれる。特に、近年、高齢化・低所得化が一層進展しているだけに、家賃の引き下げや家賃補助などで能力に応じた家賃（応能家賃）の設定は重要だ。

（3）高齢者等の居住弱者支援

「高齢化、小家族化、低所得化」が進むUR団地だ。居住者、特に高齢者、母子・父子家庭、障害者、子育て若年家族、等居住面での福祉施策が不可欠な層への支援も重要だ。URもウェルフェア事業に力を入れて取り組んでいる。行政の出番でもあり、医療、福祉、介護、幼児や児童福祉、障がい者福祉など多方面とのチームワークが必要になる。

これらを実施するには、URにとっては、今の民間企業的な考え方では難しい面がある。まずは、UR自身が、再度公的セクターの方向に大きく舵を切らねばならない。

（4）居住者の「団地再生」への参加

URでも自治協との定期的話し合いの場はあり、団地の自治会とも一定程度は居住者の意見を聞く制度もある。「団地再生」においても、居住者の参加を制度化すべきだ。URでも、これまでの「多摩平の森」（補章参照）や「武蔵野緑町パークタウン（PT）」（注2）での居住者の参加などを見ると明らかだが、結局、このほうがむしろ「団地再生」事業がうまくいった。このような経験を全国的にもっと拡げるべきではなかろうか。

また、事業への参加ということでは、URとの協働だけでなく、自治体など行政含め三者での協働にもっていくと、さらにうまく展開していくことも経験済みだ（補章参照）。

2 ｜ 香里団地での具体化

"2つ目の道"を香里団地の今後の「団地再生」のあり方として具体的に考えてみる。大半が建て替えられた香里団地での現下の「団地再生」喫緊の課題は、

D、E地区における「集約」を中止し、前述のUR全体での安心居住への転換も踏まえて、次のようにリニューアルを進めることだ。

- 第5章5-3においても居住者から、縷々述べられているが、圧倒的に「今のまま住み続けたい」との声が多く、転居費用をもらって民間賃貸住宅に転居しても、「やはり香里団地がいい」と、舞い戻る人さえ結構多い。URもその声を真摯に聞くべきである。

- 第一回都市計画学会大賞も授与された香里団地の団地空間の良さや景観、そしてその歴史を残さなくてもいいのか。過半が「建て替え」られた状況下であるが、まとまった団地でもあるDとEの両地区を存知させ、リニューアルで再生することは意義深い。

- 東京の多摩平の森団地でも5棟のリニューアルを行っている（たまむすびテラス）。関西でできないはずはない。足下の香里団地でも「D51棟」もリニューアルされ、緑の中で上品な中層住棟の姿を見せている（写真5-4）。周辺のアプローチ周りもURと居住者・自治会のコラボで、いい雰囲気に仕上がり維持管理もなされている。

- 近年、社会的にも歴史的な文化遺産を大切にする潮流がある。ベルリンのモダニズム集合住宅群が世界文化遺産に登録された（序章2008）。また、日本では、UR赤羽台団地の「スター型」住棟が2019年に登録有形文化財に指定された。香里団地でも「スター型」（D地区の4棟のみ）を同じように指定できないか（コラム10 ▶ 191頁）。

　以上を総合するに、香里団地でも「集約」は即中止して、リニューアルに切り替えることが居住者・市民からみて最上の方法である。これは、URにとっては、「無理だ」ということかもしれないが、今、社会、経済ともに世の中は大きく変わりつつある。URの将来にとっても、決して悪い話ではない。

　長い目、広い視野からよく考えれば、リニューアルへの転換こそ、求められているのではなかろうか。

[参考文献]
1）住宅・都市整備公団関西支社改善業務部「香里団地再生グランドプラン」1993
2）住宅・都市整備公団関西支社「香里団地景観形成基本コンセプト　暮らしいきづくまち香里
　　～緑豊かでやわらかな風景のまち～」1995.12

7 コラム 「建て替え」事業と容積率

　屋外空間の豊かさ・快適性を表現する指標としては、団地がどれだけゆったりしているか、住宅などがどれだけ密集しているか、空は良く見えるかなどがある。この場合、容積率（建築物延べ床面積／敷地面積）が決め手であり、その低さが重要だ。そのことが、公団後半での「建て替え」の事業性を高めていることにもつながっている。

　一般的に、URの建て替えでは、たとえば、容積率50％の中層団地が「建て替え」後120％の建築基準法制限ギリギリの高層団地に生まれ変わる。この容積率の差によって建て替えの事業採算性が大きく左右され、決め手になる。もし、当初の計画や設計で、120％程度の容積率の団地を建設していたとすると、その団地の建て替えは、経営上も困難になる。大まかな話ではあるが、昭和30年代の公団の団地の多くは40～50％程度の低容積率であったこともあって「建て替え」事業がうまくいった。昭和40年代以降の建設団地は次第に容積率もアップしてきて（120％はないにしても）、「建て替え」が困難になってきている事態にある（コラム6）。

　一方、特に公団初期の頃は、容積率を低くゆとりをもち、快適な屋外空間が創出できたのは、公団が公的立場にあったからであることにも留意すべきだ。かつ、その方針のもとで、公団の設計陣が"都市住宅の創造"という理想に燃えて設計した豊かな屋外空間であるがゆえに、「建て替え」事業の経営採算性が担保できたともいえよう。

　ここのところをどのように考えるべきか、居住者・市民に問われている。

第5章

「団地再生」と
自治会活動・居住者の思い

前章では、1986年以降30年余にわたってのUR側の「団地再生」施策と香里団地の「団地再生」について、居住者・市民の暮らしからみた問題点について述べた。本章ではこれらの動きに対して、全国的な団地居住者のプロフィール変容、つまり、どのような人が住んでいてその家族がどのように変わりつつあるのかをまず確認する。その上で、香里団地自治会の「団地再生」への対応と各地区ごとの自治会対応と居住者の思いを述べる。

具体的には、以下の3点だ。

1　この60年間で全国のUR団地居住者の家族とその暮らしが大きく変容している。近年の公団住宅居住者のプロフィールをアンケートにより確認する（5-1）。

2　香里団地の自治会が、「建て替え」に際し当初はまとまりかけたがうまくいかず、結局は公団側の事業ペースで進んでいったが、その"いきさつ"を述べる（5-2）。

3　各地区ごとの団地や「建て替え」への居住者の思いと自治会活動の実態をみて、自治会の課題を探る（5-3）。
・「建て替え」の終わったA、B、C地区戻り入居者の思い（A地区居住者を代表に）
・「集約」中のD地区居住者の再生への思い
・E地区の「集約」への対応と日常的自治会活動
・香陽地区のURとの協働の環境整備と自治会活動
・香里団地の自治会の課題

これらを通して、変容する居住者の実態を知り、団地再生や安心できる団地暮らしへの思いを把握し、これからの団地でのより豊かな暮らしのあり方を考えたい。

5-1. UR団地居住家族のプロフィール

65年経過したURであるが、団地においても居住する家族が大きく変容している。それは団地での暮らしのあり方や、特にこれからの自治会活動を考えるに際しても影響は大きく、重要な意味をもつ。その実態をここで確認しておきたい。

本調査は、全国自治協による「UR住宅の国勢調査」ともいえるが、自治協が3年に一度、全国・全団居住者を対象に実施している「団地の生活と住まいのアンケート」（住まいのアンケート）と称している調査だ。今回は2017年の第11回調査を取り上げた(注1)。

（1）世帯主年齢

まず、住まいのアンケートから、居住者の世帯主年齢（主齢）をみよう。今回2017年は第11回だが、第1回は1987年で30年前だ。そこで、15年ごとで2002年も含め、3時点での主齢の構成比の比較を行う。以下の3点を指摘したい（表5-1）。

表5-1 世帯主年齢の経年変化（%）

年齢（歳）	20〜	30〜	40〜	50〜	60〜64	65〜69	70〜74	75〜	計
1987年	9.4	31.1	25.8	19.7	5.6	3.3	3.7	0	98.6
2002年	4.5	12.7	11.1	21.2	15.3	14.3	19.4	0	98.5
2017年	0.8	3.7	8.3	9.6	7.3	13.4	16.5	38.5	98.1

＊不明分を省いているので各年の計が100%になっていない

注1　全国自治協は、2017年9月、3年に1度行っている「団地の生活と住まいアンケート」の第11回目（1987年第1回を実施）を実施した。自治協加盟を中心に調査団地数218団地、対象戸数は214千戸、回答戸数83千戸（回収率38.8%）。回収団地の70%（103団地）は昭和40年代管理開始団地であることに要留意。全国自治協のHPで結果をみることができる。

1　まず目につくのは、65歳以上の高齢者について、1987年はわずか7.0％であったものが、15年、30年と経過すると33.7％、68.4％と大幅に増加している。「公団後半」の30年間でもこの考えだ。

2　2017年の75歳以上の世帯主の割合が、38.5％もあることに驚く。これについては、大都市圏UR団地での高齢者増加や低所得化の背景があり、かつ、公営住宅も極めて少なく低家賃で良質公的住宅が少ない日本では、高齢の低所得者層がUR住宅に向かう傾向があろう。これに加えて、ずっと住み続けてきた世帯主の高齢化の結果も反映していると思われる（同表から、年齢別にみると15年ごとに大きな塊が移動しているようにもみえる）。

3　40歳代までの"若年層"の「主齢」の構成比は、各々66.3、28.3、12.8と30年間で5分の1ほどに減少している。若年層の減少はいたるところで言われているが、UR居住者層もそうだ。減少がこのまま続くとすると、一体どうなるのか。高齢者の住み続けの保障と同時に、減り続ける若年層をつなぎとめ、いかに増やすか、相変わらず難解な課題が突き付けられている。

（2）家族人数

　本アンケートによると、家族人数については、「1人」40.8％、「2人」39.1％、「3人」12.4％、「4人以上」5.2％（計97.5％。2.5％は不明）という結果だ。つまり8割程度が夫婦か単身ということになる。「（1）世帯主年齢」からみた超高齢化と合わせると、今後団地居住者の老後の居住をどのように考え、どのようにサポートしていくか、居住者をはじめ自治会・市民、UR、自治体・国に迅速な対応が迫られているといえよう。

（3）収入

　まず、2016年の年間世帯収入は7割の世帯が353万円未満（総理府2016年度家計調査の第Ⅰ分位〈242万未満＝49％〉と第Ⅱ分位〈〜353万円未満20％〉の合計）である。収入源でみれば「年金だけ」が46％もあり、収入源の種別で一番多い。年金だけでは暮らせず、アルバイトと諸収入を加えて暮らしを立てている世帯が24％ほどあり、全体的には年金の受給者は7割で、年々

増加傾向にある。

（4）家賃負担

　家賃は全国的な平均値では語れないが、月額「4 ～ 7万円」が57％、「7 ～ 9万円」が17％と続く。多くは6 ～ 7万円程度だ。

　家賃負担については、「たいへん重い」が37.9％、「やや重い」が39.1％であり、計77％が「重い」と答えている。最近の3回の調査、2011年と2014年の結果をみると、「重い」が69.7％、72.6％であり、今回へとじりじり増えている。

　また、今後の家賃改定に望むことについては（複数回答可）、多い順に「値上げせず据え置きを」46.0％、「高齢者世帯の減額を」44.8％、とこの2点がまず高い。次いで、「収入に見合った負担できる家賃に」30.0％、「家賃が高いので引き下げを」28.4％を占めた。「（3）収入」との関係で、「高齢者世帯にはまず家賃の引き下げを、100歩譲っても値上げはしないでくれ!!」という、公団賃貸居住者の悲痛な声が聞こえる。

（5）今後の住まいについて

　「これからの住まいをどうしたいか」も聞いている。8割もの居住者が「（4）家賃負担」の厳しさを訴えているものの、「公団賃貸住宅には長く住み続けたい」が74％もある。今回ばかりでなく、前回、前々回も70％超えている。多くの居住者が公団賃貸住宅の良さを評価し、かつ近所づきあいも維持したいという思いからくる結論だ。

　ところが、二番手の「公営住宅に住み替えたい」はわずか9％程度だ。環境も住宅の質も高い公団賃貸住宅に住み続けたいという希望も多いが、反面、所得は低く公営住宅入居可能である。しかし、現実には十分な公営住宅が供給されていないとなると、これらの居住者にとっては、公団住宅に住み続けながらでも、公営住宅並みの家賃にすることがベストである。政策的対応は不可能ではない。

（6）不安に思うこと

　公団住宅に住んでいて、不安に思うことへの回答（複数回答可）だ。もっとも大きな不安は、「家賃値上げや収入の減少で、家賃が払えなくなること」で63％もあった。次いで多いのが、「建て替え・集約・売却で移転を求められること」41％だ。URの進める「団地再生」に居住者の不安や懸念の広がりをみる。3番目に多いのは「住宅や設備が古いこと」で33％ある。3～40年も住み続けると、内装・設備もいたみリフォームも必要になるが、実態はなかなか進んでいない。

　以上のように、全国レベルでのUR団地居住者の家族プロフィールが、「高齢化、単身化、低所得化」の実態が明らかだ。また、UR団地に今のまま、「住み続けたい」の声が大多数であることも確認できた。この傾向は、香里団地でも同様であるが、特に、D地区（E地区も同様であろうが）は事態がさらに進んでいる（5-3参照）。

5-2. 香里団地自治会の「団地再生」への対応

　かつてのような香里団地単一の自治会組織は、1965年以降再建されていない。しかしながら、1970年代後半での家賃値上げ反対の運動（集会・デモ、公団・市要請、ビラ・署名）を自治会の6地区会で共催し、関西自治協とも共闘していた。また、年間恒例の夏祭り・金魚すくい、クリスマスや多様な文化行事などは協力しあい合同して団地が一体になり、60年間断続的ではあるが、継続されてきている（写真5-1～5-3）。

　このような、緩やかではあるが団地全体でのまとまりがあると、いざという時に、好ましい積極的な効果を生み出す。1986年公団が「建て替え」事業を始めるというニュースが伝わると、各地区の自治会も共同で機敏に反応した。1988年には、香里団地のA～Eと香陽の6地区で構成される「香里団地6地区会」が、家賃の値上げ反対の課題も取り上げながら、「建て替え」対策にも

写真 5-1　夏祭りの金魚すくい（2004）

写真 5-2　祭り会場に並ぶ店（2004）

動き出した。経緯を追ってみよう。

1 | "すきやねん香里団地" シンポジウム

（1）シンポジウム概要

1986 年は公団住宅「建て替え」元年。

香里団地の各地区自治会では、1988 年の入居 30 周年を期に、まずは「建て替え」について学習をということで、準備をした。6 地区会では 1989 年 4 月 23 日 10 時から、聖徳福祉文化会館大ホールにて、"すきやねん香里団地"「公団の『建て替え』計画あくまで NO」シンポジウムを実施した。京都大学名誉教授の西山夘三氏をメイン講演者に、団地の各自治会でまとまり、開催した。

ただ、本来なら、公団側が香里団地の「建て替え」に際して、かつて香里団地 MP を委託した西山氏に意見を聞き、その後、西山氏を主査にした委員会や研究会を組織して、それを軸に「団地再生」を進めるのが常道であろうが、そうはならなかった。

ここには、1955 年日本住宅公団発足以降、時代は流れ、経済の高度成長期は終焉し、新自由主義政策が浸透し、公的住宅政策も変わりつつある政策的背景があった。初期の頃とは大きく変容した公団があり、取り巻く事業環境が大きく異なってきていたという現実の反映がある。

写真5-3　このような光景が毎年みられた（今はなくなったピーコック広場）（2004）

　ところで、当時、公団の「建て替え」は全国レベルでみると、すでに17団地で実施されていた。居住者・自治会の間には「建て替え」への「不安」（例えば、「建て替え」後の戻り家賃は3〜4倍になる、「建て替え」そのものがまだ使えるのに“もったいない”、環境の破壊にもつながる、紡いできたコミュニティがバラバラになるなど）が渦巻いていた。5年後の「説明会」以降、「建て替え」が進むにつれてこの「不安」が的中していくが、この時点では、まだ「不安」の段階であった。

　香里団地でも、居住者サイドに立った街づくりを考えようと、このシンポジウムを6地区自治会が開いた（ただ、A地区は不参加）。参加者は150人ほどで「建て替え」については関心を呼び、大阪府下のUR団地などからも自治会の役員などが多数参加した。

　シンポジウムのパネラーは、西山夘三氏（京都大学大名誉教授）、三村浩氏（京都大学教授）、亀田健二氏（京都産業大学、居住者）、乾正明氏（枚方市都市計画課長）、加藤恵子氏（元めざまし新聞編集者）の5氏であった（肩書は当時）。

（2）西山氏講演

このシンポジウムに出席した西山氏は、一部であるが、以下のように講演している。

　香里団地の誕生について、「公共施設の整った、緑豊かな環境の良い団地を目指して作った。これが、現在、こうして例のないほどの好環境の団地として残っている」、そして、「「建て替え」推進の大きな力は地価の高騰が原因。それは国の土地政策の不備による経済的な問題が根本にある。香里団地に住む人は、この環境のよさを誇りにし、守るべきだ。そして、日本にもこんなにいい団地があることを示してもらいたい。」と語っている（団地新聞320号1989.5）。

香里団地の開発初期の団地MP京大案を策定した西山氏の発言は重い。また、シンポジウムで配布されたシンポジウムの趣意書には、「香里団地の30年には重みがある。もし、『建て替え』が実現されると、他に類を見ないといわれる街の景観は壊れ、住む権利も奪われ、環境破壊につながることになりかねない。公団の計画は納得できない」と書かれている。さらには、「建設当初を振り返り、将来の街づくりを考え語りあった私達は、本日を起点に、『公団の「建て替え」計画あくまでNO』を合言葉として、香里団地の再生のための運動を団地自治会が結束して行おう。」と結ばれている。

　シンポジウム参加者からは、質問や意見も多く、「建て替え」の進む他団地からの参加者も意見の表明がなされた。会場からは「勉強になった」と評価し、「公団にも聞かせたかった」との声もあがった。

　今から30年前の話ではあるが、このシンポでの議論の内容は、今でも生きている。香里団地の現状をみるにつけ、上記の西山氏の発言やシンポ趣意書前半に書かれ、また予想された通りの事態になっている。

2 │ 「建て替え」対策委員会

(1) 自治会の対応

① 1989年～1993年

　このシンポジウム開催の直後、1989年7月に「香里団地『建て替え』対策委員会」（対策委員会）が設置された（委員長はD地区自治会長の原田氏）。東京圏などの他の団地の「建て替え」事業進捗に比べても、その設置は遅くはなかった。

　また、対策委員会委員長原田氏は次のように語っている。「団結が大事、自治会に加入を」「建て替えに異議はないが、家賃が3～4倍になるなら反対。皆が戻れないことになる」「最近の家賃、最高の環境を守ることが大前提」「30年間で培ったコミケーションは崩れ、また一からになる」と。つまり、まとめると、「建て替えは容認するが、家賃は上げず、今の環境を守り皆が住み続けることができるような団地再生を公団に要望したい」ということになる。

　これに対し、公団側は「A地区はすでに募集停止し、建て替えの準備に入っている。しかし、関西では代表的な団地であり、他団地とは違うやり方が必要で、時間がかかる」と表明している（団地新聞324号1989.9）。

　以降の対策委員会の運動経過を団地新聞の報道からみてみる。

1) 1989年12月には、対策委員会が公団と市に対して6,000人分の署名と要望書（居住弱者への配慮、「建て替え」による家賃の3～4倍化は納得できない等）を提出した。以降、団地ビラ配布、集会、学習会などを取り組んだ。

2) 1991年4月には、対策委員会40人で、東淀川、池田、朝潮橋などの「建て替え」先行事例を見学し、同年12月には集会で「建て替えには反対しないが、住み続けられる家賃を」の要求を掲げた。

3) 1992年2月には団地住民決起集会が開かれ300人参加している。

4) 1993年2月には、6地区会と当時の大塩枚方市長と懇談会ももたれた。また、学習会、要請行動等行い、香里団地全体（賃貸住宅自治会6地区）でまとまっていった。

　ただ、「対策委員会」としてまとまったのは、「公団の行う建て替えについて
は反対しないが、将来の建て替え後の住めない家賃への高額化は困る。住み続
けられる家賃にして欲しい」ということであった。

② 1 9 9 4 年 ～ 1 9 9 7 年

　ここでは、1994年の建て替えスタートから、対策委員会の活動が実質停止
した1997年頃までの自治会の動向をみる。

1)　1994年2月、現地に公団の「建て替え」事務所も開設され、第Ⅰ期として
　　A地区の866戸を対象に説明会が開かれた。A地区の該当賃貸住宅の補充
　　停止から7年経っていた。

　　　一方の自治会は、なかなかまとまらなかった。香里団地としてまとまる
　　必要性が高いことは、各自治会も理解はしているものの、これまでのいき
　　さつから自治会の連合までは認めるが、統一して単一の自治会にまとまる
　　ことには全員の賛同が得られなかった（団地新聞1995.2月号）。そして、
　　E地区も6地区会から脱退（団地新聞1995.2月号「連合はいいが統一はだ
　　め」の意見）、かつA地区は反対し6地区会の休会を提案するに至った。結
　　局、香里団地「建て替え」対策委員会の原田会長も辞任することになった（団
　　地新聞1996.4月号）。

2)　1996年12月、公団側は早くも次の建て替え候補として、B地区を取り上げ、
　　1997年2～3月にⅡ期（611戸）、Ⅲ期（464戸）の説明会に入る旨（2001
　　年入居予定）居住者に告知した。引き続き早期にB地区に取り組む姿勢だっ
　　た。ところが、該当のB地区も居住者内部で自治会への不満があるとして、
　　独自の「懇話会」を立ち上げた（香陽学区除く）。

　　　さらには、春には各自治会が総会を開くが、97年の各地区の自治会総会
　　では「各種イベントはやるが、建て替えに関する運動はやらない」とする
　　ところが多くまとまらなかった。このように、建て替えへ自治会の対応は
　　ちぐはぐさが目立った。

3)　1998年10月、説明会から4年後にははみずき街（旧A地区）への戻り入
　　居がはじまった。

　以上のように、香里団地の「建て替え」対策委員会の会長が辞任し、6地区会からも脱退が相次ぐようでは、まとまって、居住者の要求や思いを出して公団と交渉することはおろか、実現することなどはできない。シンポジウムをきっかけに、いったんは盛り上がり頑張った6〜7年であるが、6地区会の組織的弱さが露呈した。

（2）筆者のコメント

　URの団地「建て替え」で、居住者・自治会の思いがある程度は実現し、何とか「安心」して住み続けられると思われる事例は数えるほどで、その少ない事例も関東圏に集中している。

　香里団地の「団地再生」30年を振り返る時、居住者にとって重要な、リニューアルで「団地再生」できないか、公営住宅併設などで住み続けられないか、「建て替え」後家賃が現家賃と大きく変わらない額に設定できないか、コミュニティを維持できないか等の意向・要求がほとんど反映されずに進んできている（第4章4-2）。

　なぜこのようなことになってしまったのか。振り返ってみて考えられることとして以下の2点を指摘しておきたい。

① な ぜ ま と ま れ な か っ た か

　1988年入居30年を祝う大きな祝賀会が行われた（6地区会主催）。その時の記念の冊子には、「団地の自治会には商店や分譲住宅などの居住者も多く参加していてまとまらない。これからは賃貸住宅の6地区でまとまる」という決意を込めたあいさつ文が掲載されている。

　これを背景に、1989年のシンポジウムはタイムリーで盛況であった。香里団地でも「『建て替え』対策委員会」ができ、前述のように6年ほどの長期にわたり頑張り、様々な活動も行った。しかしながら、その後は各6地区内の各自治会の「団地再生」への考え方の違いや思惑などもあって、香里団地として自治会が一本化できず、結局はURの方針通りに進んで行くことになった。建て替え問題に絞り、6地区でのゆるいまとまりでもよかったのだろうが……。

②日ごろからの他団地自治会との連絡

6地区会でまとまって、関西の自治協や他団地、東京の他団地などと横の連絡がなかったことも大きい。

例えば、日常的に東京圏などの類似団地の自治会などと、自治会活動全般に関してでも、連絡・連携しあうなどの交流を進めていたとすれば、あるいは、全国自治協が、「団地再生」への対応をもっと積極的にしておれば、建て替えは違った様相になったであろう。

さらに、例えば、補章で述べている多摩平団地も、ちょうど同じ時期に建て替えに入っていった。この東西の大規模団地が「建て替え」や「団地再生」において協働して取り組んでいたら、どうなったであろうか。両団地だけでなく他の団地にさえも大きな影響を与えたであろうと思われる。

歴史に「もしも」はないが……。

5-3. 各地区別の自治会活動と居住者の思い

1 ｜ けやき東街に戻り入居した人たちの思い

（1）3地区自治会の動き

A、B、Cの3地区でUR賃貸住宅の建て替えが終了した後、各A、B、C自治会を「みずき街」は1999年10月、「けやき街」は2001年10月に、また、「さくらぎ街」は2014年に名称変更してそれぞれ発足させた。

以降、3地区自治会においては、その取り組みは日常的な団地の管理問題やベーシックな各種イベント（夏祭り、年末交流会、クリスマス会）といった身近な取り組みが主流になってきている。社会的あるいは政治的な例えば家賃問題、「集約」事業の問題、今後の香里団地のあり方などを取り上げ議論するという雰囲気がなくなってきているようだ。

とはいっても、香里団地の6地区（みずき街、けやき東街、さくらぎ街、香陽、D、Eの6つ）の連絡会が定期的に開かれ、その時の議題として、身近な議題ばかりではなく、香里団地全体にかかわる議題もある。当然その中には、団地

135

全体に共通したテーマの中で、社会的、政治的な問題も含まれる。やはり6地区での議論も必要だと感じている自治会も多い。

　以下では、3地区を代表して、けやき東街に戻り入居した人達の声を拾う。

（2）けやき東街に戻り入居した人たちの思い
①けやき東街戻り入居者5人の思い

　建て替え前から香里団地に住み続け、今もけやき東街（以前のB地区）に住んでいる方々に集まってもらった。香里団地に長年住みかつ、建て替え後も住み続けている方々がどんな思いで過ごしてきたのか、その一端を紹介しよう。

ヒアリング概要

日時：2019年10月22日10時〜
場所：けやき東街F氏宅
香里団地に長期間居住し、中層住宅の「建て替え」により戻り入居した方々5人（すべて女性）で座談会を実施した。B地区からけやき東街（2001年入居）に戻り入居された女性ばかりだ。いずれの方も香里団地に住み続けてきて、一番長い人はもうすぐ60年間になる。新しい人でも20年を越えている。

5人の意見・発言の要約

・最初の入居以降、中層住宅居住の頃
　よく知られているように、入居時は家賃負担が大変であった（1人分の所得だと半分にあたる）。夫婦の所得合わせて何とか応募できた。しかも、なかなか当選しなかった。だから入居できた時はうれしかった。正しく憧れの「団地生活」であり、「2DKの暮らし」であった。
　近所の方も同じようなホワイトカラー層・若年核家族で似ていて、隣近所のつきあいはよかった。また、子どもが多く、広い屋外で走り回り泥んこになった。黙々とスマホやパソコン類を部屋の中で見ている風景は考えられない。
　中低層の住宅でそれらの間もゆったりとして、屋外空間も広く緑も豊かだった。

・戻り入居後のおよそ20年間
　家賃は、6万円前後でしかも固定的（建て替え時の高齢者への特別優遇）であり助かっている。同じ住宅でも一般入居の場合は月家賃10万円以上する。結果、「建て替え」住宅一般入居若年層は、2年ほど居たらマンションや戸建て住宅に引っ越している。

エレベーターがついて便利になってありがたいし、住宅の設備も全く新たになり快適だ。このように物的・空間的にはよくなったが、つきあいは減った。昔の階段室型中層の時のほうが、つきあいが多かったと思う。ただ、社会も暮らしも変わって、高齢化や小さな子どももいなくなり、住棟形状だけでは決められないが……。

今も残されている部分（D、E地区）もあり、他の団地より多少はましかもしれないが、「集約」事業によって、戸数が削減されるので残念だ。一方「建て替え」では、高層化し、屋外がいじめられ、"ゆったり感"がなくなっている。

特に一人住まいの高齢者は、「病気になったらどうするか」とか「要介護状態になったらどうするか」といった不安が大きく切実だ。何かの時には、ごく近所に家族がいればいいが、遠居の子どもはあてにならない。団地内には高齢者の福祉介護施設（特別養護老人ホーム、有料老人ホーム、デイサービスなど）があるが高くて入居できない。また、例えばある施設は「100人待ち」と聞く。

筆者のコメント

ヒアリングした5人の共通する、長年の香里団地居住への肯定面をつなげると、香里団地に長年住んできたが、団地の生活環境もよく、人とのつながりもいいので、ここまできた。そして、「建て替え」で住宅も一新。設備もよく建物も丈夫だ。当初入居時は家賃の支払いもしんどかったが、今回の「建て替え」に際しては、高齢者優遇措置の適用を受け、負担もそんなに重くはない、というようなことになろうか。

問題点として、「建て替え」で失ったこととして、紡いできた人的関係へのコメントが多かった。また、さらに大変なのはこれからで、さらに高齢化し要介護状態になった時の居住であり、これについては、異口同音に"不安"が語られた。

② Fさんからのヒアリング

本書は、「香里団地60年のコミュニティ活動」を追いかけている。そこで、最長年数居住である「香里団地賃貸住宅60年居住」の人を探した。そう多くおられるわけではないが、F氏がみつかった。貴重な存在だ。以下は、そのF氏の個人的ライフ・ヒストリーだ（ヒアリング時、奥さんから適宜補助してもらった）。

B地区2DK型住宅入居・1960年1月

・入居のいきさつ
1957年結婚。妻の実家にとりあえず新居を構える。香里団地に住む友人に「香里団地はよいトコやで……」と紹介を受け、たまたま空き家になったB33・2DK（図5-1）に1960年1月から住み始めた。当時月額家賃は4,000円ほどと高かったが、銀行勤務の妻と自分の給料合わせて合計所得17,000円程になり、何とか入居でき、かつ払うこともできた。

・その頃の暮らし

　自分はD社社員であったが、月に何回かの夜勤があって、普通のサラリーマンより忙しかった。しかし、振り返ると、休日には子どもと遊ぶ時間があり、趣味の写真も楽しめたことはよかった。団地内で買い物をする店は最初は数少なく品揃えも不十分で、枚方市駅や香里園駅の周辺まで買い物に行った。「香里ヶ丘文化会議」の運動で「青空市場」も出現し利用した。住戸も含め、団地での暮らし全体は快適で満足だった。

　一方、生活環境の不備への不満は多々あった。例えば大雨時、団地内の雨水排水系統が機能しなくなり、道路が川になることもあった。交通関係では、京阪電車の急行や特急が枚方市駅に停車しないことなどだ。

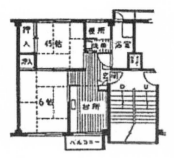

図 5-1
2DK（57O-4S-2DK・45㎡）

・妻の仕事と保育所

　妻は1961年に銀行退職。クリーニング店取次ぎの内職を得た。その頃、香里団地では公立の保育所をつくろうという、「香里ヶ丘文化会議」や「新婦人」などの運動も始まり、共同保育所も観音寺山の西願寺で始まった。病児保育所もでき、お世話になった。その後の幼稚園開設の活動に加わった。

・子どもの成長

　子どもが生まれ（62年長男、65年長女）、保育所も必要で（長男は67年5月に、長女は68年4月に入所）、2Kでは家も狭い。長女が香里団地保育所に入ってから、妻は1967年D社に転職、アルバイトとして働いた。

・自治会よりも、「香里ヶ丘文化会議」

　60年住んできて、自治会は今もあるが、当時はあまり存在感がなかったように思う。初期の頃の香里ヶ丘文化会議のほうが活動が活発で身近であった。

・うらやましがられる

　当時、香里団地はマスコミなどでは"高嶺の花"とも言われ、人気高く、入居したいが家賃が高いので収入がかなりないことには入れなかった。香里団地での居住は職場でうらやましがられた。

33

B地区3K入居・1978年4月

・子どもが大きくなった

子どもが高校生（16歳）と中学生（13歳）になってくると、部屋数が要る。公団の制度で子どもの数と年齢で大きい住宅への住み替えが可能になった。申し込んで、同じB地区の3部屋住宅・3K（図5-2）に入居できた。

・空き家の管理担当と住戸・団地の写真

1988年に退職、1989年D社就職、空き家管理の仕事をするようになった。1995年退職まで、団地内の風景や空き家住戸内の写真を多く撮った。この時期を中心にした膨大な写真は、記録写真になり多くの人々から、「なつかしい」と好評だ。

図5-2
3K（57-4N-3K-3a・50㎡）

けやき東街・3DK型住宅入居・2001年10月

・「建て替え」で戻り入居

台風や大雨の時には、中層居住時代苦労した。今はすべてアルミ製になっているが、当時は吐き出し窓も含め木タテ（木造の建具）であり、鉄やアルミに比して弱い。また、台風では窓枠が"しなり"恐怖であったし、大雨では浸水もあった。

今住んでいる建て替え後の戻り高層棟は地震時も安心だ。ある団地外の戸建て住宅居住の知り合いが、最近、地震や台風を案じ防災に配慮して、団地内の高層住棟に越してきたほどだ（図5-3）。

図5-3　3DK（63㎡）

・香里団地に若い人も来住はするが……

若い人も来るが、しばらくすると転居し落ち着かない。近所づきあいもしたくないようだ。

・「建て替え」をどう考えるか……

自分たちは戻り入居組で条件（年齢、年収、住戸の広さなど）もあって、「高齢者特別減額措置制度」を受けることができて、家賃は今後とも中層の頃に比べそんなに上がらない。高齢者対応の設計も行きとどき、建物の安全性もアップした。何より、エレベーターがついて楽になり、特に高齢者にとってはよい。住戸内の設備も更新され、特に、台所・風呂・トイレの水まわりが格段によくなった。

　反面、近所づきあい面では、かつての階段室型に比べるとつきあいが生じにくい構造の片廊下型住棟でもある。中層では同じ階段室の人とはすぐなじめたが、戻り後は上下階の別廊下の人とはめったに会わない。

・最近のコミュニティ活動……
　先年、香里団地で市の美術館建設を断念させたが、その反対運動時には即、人が集まり、座り込みも辞さず継続した。最近は、写真展などの文化活動で結構忙しい。妻は自治会の健康体操その他に参加している。

エピソード

・ショートパンツ
団地のバス停で、多くの専業主婦たちが夫の出勤をショートパンツ姿で見送るのが香里団地初期の風景だった。その頃日本社会では珍しく、強く印象に残っている（第1章1-4の梶山季之氏の短編小説「香里ヶ丘夫人」にも出てくる）。

・コオロギ
　1960年頃は1階に住んでいたが、2DK型住宅のある部屋には、吐き出し部分に小窓があった。夏の夜、風を採るために開けておくと、コオロギが入ってきて、室内に吊った蚊帳をかじった。はじめわからなかったが植物性繊維でできた蚊帳であることで、コオロギも食べたのだろう。蚊帳に穴がいっぱい開いて"虫くい状態"になった。

・桐ダンス
　1961年9月の第二室戸台風で雨水が浸入し、窓枠の隙間から雨水が吹き込み水浸しになった。冬期の結露も合わさって桐のタンスが使えなくなった。

・子どもを介しての近所づきあい
　一般的にそうだが、同じ学年の子どものいる母親同士は友達になる。気が合わないとうまくいかないが、その関係は長期間続き、団地に暮らす限り何らかの形でつながっている。今でも当時からのつきあいがあるが、子どもを介すると長期間継続する。

Fさんの60年住んでの感想

　香里団地は60年住んでみて、「いいところだし、離れがたい」団地だ。また、居住環境、人づきあいもいいことが、長らく住むことができたことにつながっている。これからは、香里団地に住み続けるにしても、最後は「どこに、誰と、どのように」住むかが問題。保育所の開設運動に比べ、高齢者の住まいのあり方を考えることは格段に難しい。でも、誰でもが形は違うが、通らなければならない道だ。もっと、国や自治体が、責任をもって方針を定めてほしい。

筆者のコメント

・5人へのインタビュー

　「建て替え」後は、住戸内外・住棟も一新され見違える。反面、失った団地空間の豊かさは大きい。培った近所づきあい、人的交流も失ったものの1つ。

　そして、やはり家賃負担の問題は大きい。さいわい、集まった人たちは、「建て替え」時の特別措置で、家賃の高額化は免れている。従って、家賃については直接的な不満は聞かれなかった。しかし、一般入居者にとっての家賃は高く、特に若年家族が香里団地に居つかない大きな理由が高額家賃である。なんとかならないものか？と思う。

・Fさんからのヒアリング

　Fさん夫妻にはいろいろな苦労もあっただろうが、60年間の香里団地での暮らしの経過は絵に描いたようなというか、団地族の典型的内容のライフ・ヒストリーになった。

　本人たちも述べられたが、80歳代の後半のお2人は、今後の高齢期をどのように過ごしていくかが大きな課題だ。高齢者の住まいのあり方は、いずれ誰もが直面する課題ではあるが、個々人の条件がすべて異なり、費用負担も大きい。これは、やはり行政の公的責任下で、社会的に解決しなければならない大きなテーマだ。

2 ｜ D地区居住者の「団地再生」への思い

（1）D地区居住者のプロフィール

① 自 治 会 ア ン ケ ー ト の 結 果

　本章5-1で述べた、全国自治協第11回「団地の生活と住まいのアンケート」（「住まいのアンケート」2017）のうち、D地区自治会（D地区の48、51棟を除いた住棟居住者で構成）による同時期実施分の結果をみる。D地区居住者300人対象で139人の回答（46％）があった。(注2)

主齢・家族人数

・「世帯主の年齢」は、65歳以上が91％で、75歳以上は61％と極めて高い
・「家族人数」は、過半の56％が1人で、2人までとなると94％にもなる
・世帯主の男女別では「男性」50％、「女性」47％

世帯収入・家賃

・「年金だけの収入」の世帯が72％と圧倒的で、かつ世帯年間収入（前年）は、200万円未満で計58％、242万円未満で84％と、全般的に予想以上に低所得階層が居住している。10年ほど前公営住宅の入居基準が引き下げられたが、242万円未満世帯では、そのほとんどが公営住宅入居可能な所得条件を満たしていると推測される。

・家賃については、月額「4〜6万円台」73％であるが、年金生活者には負担が重い。案の定、「家賃の負担」をみると、「大変重い」と「やや重い」で計66％になり、引き下げや収入に見合ったつまり「応能家賃」の導入を願っている。特に、高齢世帯への減額を40％もの人が要求している。

思い

・不安に思うこととしてあがったことは、「住宅や設備が古い」「建替・集約・売却等で移転」「値上げや高家賃」が多い順に並べた時のベスト3。各々139人の回答者中、77人（55％）、71人（51％）、63人（45％）と半数程度があげている（複数回答可）。
・今後の住まいを考えると、「住み続けたい」が92％で圧倒的である。次いで多いのは、ごくわずかだが公営住宅への住み替えであるものの、3％しかない。

② 全国版調査との比較

　本章5-1では全国の自治協「住まいのアンケート」をみたが、同じ調査のD地区での結果と主な事項を下表のように比較した。D地区の実態がクローズアップされる。

世帯主年齢	65歳以上の高齢者は全国では67.4％で多いが、D地区ではさらに進んでいて91％と圧倒的だ（75歳以上でみると全国自治協が38.5％であるがD地区では61％）。
家族人数	2人まででみると、全国は79.9％に対し、D地区94％とほとんどを占める。
収　入	年収242万円未満でみれば全国では、49％であるが、D地区は84％にものぼる。また、収入が年金受給だけだという人は全国では46％であるが、72％と多い。
家賃負担	「負担が重い」と感じている人は全国で77％であるが、D地区は66％と低い。これだけはD地区が低い数値だ。「団地再生」前の古い住宅のD地区であるので、全国版とは比較しにくい。しかし、むしろ全国、D地区双方ともにおいて、「負担が重い」と感じている人がこれだけ多いことに注目すべきだ。
今後について	今の住宅に住み続けたいと答えた人は、全国では74％に対し、92％にも上る。双方とも「家賃の負担は重い」と感じるのだが、一方では、「住み続けたい」と思う人の圧倒的な多さは重視すべきだ。ここには様々の条件が絡むだろうが、環境も含め現公団住宅の良さ、引っ越しは面倒、行き先がないなどであろう。

注2　D地区自治会は、全国自治協機関紙「けやき」アンケート特集号（2017.10）による

（参考）香里団地初期との比較

1961年の香里団地全体を対象にしたプロフィールを（第1章1-5）で述べた。これと2017年「住まいのアンケート」との比較表を表5-2に示した。

調査対象や、方法の違いもあって、項目ごとの比較など単純にはできない。しかしながら、香里初期の香里団地と、現在のD地区（初期のままの姿の団地）の各々の実態はうかがえる。言うまでもないが、60年ほどの時間の経過の中で、物的な団地はそのままでも居住者のプロフィールにこれだけの違いがあるということだ。

表5-2　居住者のプロフィールの比較

年齢・歳	1961年香里団地	2017年D地区
世帯主年齢、家族人数	若年核家族 ・世帯主25〜34歳で7割、60歳以上は2.7% ・子どもは、なしか1人で72.6%	超高齢独居 ・世帯主65歳以上で91%（75歳以上でも61%） ・1人住まいが56%、2人まで94%
年間収入・職業	ホワイトカラー ・中堅上位所得層が6割程度 ・管理職、専門・技術・事務職が91%	年金・無職 ・200万円未満で58%（242万未満で84%）、 ・年金生活者が少なくとも72%
現住宅への不満、継続居住意思	今は満足、将来は「住宅双六」に乗る ・団地生活満足63.6% ・「永住したい」は44.7%	近い将来への「居住不安」が大きい ・不安は、「団地再生」、家賃の値上げ、住宅の経年劣化、 ・住み続けたい92%

③アンケートをふまえて小括

D地区での調査結果をみてわかるが、「高齢化・小家族化、低所得化」について他の調査団地同様に問題山積だが、D地区はより一層問題が深刻だ。どのように対処したらいいのか。月並みではあるが、いくつかあげよう。

●家賃に関しては引き下げがまず求められる。公営住宅への転居もあるが、「住み続けたい」の希望がこれだけある以上、UR法第25条4項を早く適用することが求められる。法に書かれているので、やろうと思えば、今すぐにでも実施できる。この方法によることで、慣れ親しんだ近所づきあいや物的な暮らし環境との寸断を強いられる引っ越しも必要がない。

●誰もが入居・利用できる高齢者向け福祉施設の設置・整備であり、お互いのつながりをつけるために、"居場所"の設置や交流を深める様々なハード・

ソフトの"しかけ"も必要だ。

● 以上について、民間事業者等の活用もいいが、基本は大家の公団と枚方市の責任による多様でキメの細かい公的な施策展開が不可欠だ。

（2）自治会の「集約」への対応と日常活動

① 「 集 約 」 事 業

D地区は、URの「団地再生」方針では「集約」事業とされ、第Ⅰ期事業地区の説明会が、2016年3月に開かれた。その時の資料によると、D地区（D1〜51、総計1,499戸）の事業区域の仕分けは下図のようである。

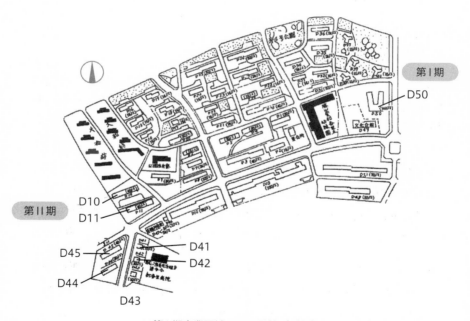

第Ⅰ期事業区域：D50号棟（1棟高層、140戸）
第Ⅱ期事業区域：D10、11、41〜45棟（7棟、180戸）
継続管理区域：D1〜9、12〜40、46〜48、51（1179戸）

図5-4　D地区現況図（公団資料より作成）

　これまでの事業の経緯を、少しさかのぼって追ってみよう。以下ように、URによるD地区「集約」事業は、長い間で政権交代や、政府やURの方針が変わるなどして、一直線にではないが徐々に進んでいる。他方、「事業管理区域」では、外壁もモダンにかつわかりやすく塗り替えが進み、階段室の改修等も行われ、住戸内の部屋や水回りも一新して、一般公募している。居住者の話では、「若年層も結構リノベーション住戸（URのHPによる）に入居してきているが、なぜか2年ほどで分譲住宅などへ転居していく」とのことだ。

事業の経緯	
2007.12	UR「UR賃貸住宅ストック再生・再編の方針」公表
2008.1	UR、D地区「再生」説明会（D48、D51から60名参加）
民主党政権の期間（2009年9月～2012年11月）「団地再生」中断	
2015.6	「集約」にあたっての要望書提出
2015.10	自治会アンケート実施 (注2)
2016.3	D地区、第I期（高層棟D50、140戸）事業区域説明会 ・移転期限は2018年3月末 ・移転費用は、団地内15万5,000円支払う、香里団地外UR他団地の場合は43万4,000円、民間住宅の場合には43万4,000円に家賃の補填分も含め100万円支払う（いずれも期限付き）。
2016.6	支社長要望として、「第I期の移転費用で、団地内15万5,000円としているが、団地外他団地の場合の3分の1の金額では納得できない」旨、提出。
2016.11	D地区住民II期（D10、11、41～45、計180戸）集会。2017年2月のURによるII期事業説明会に向けて要望をまとめる。
2017.2	集約事業II期（D10、11、41～45、移転期限2019年2月）説明会
2017.10	自治協調査のD地区版アンケート実施
2018.6	住宅改修工事など要望書提出
2018.8	集会所改修案検討会
2019.3	集会所改修のお披露目会（81名参加）

② 日 常 的 な 活 動

　D地区自治会としては、「集約」事業実施に伴い、「事業区域」居住者はやむなく転居せざるを得ないわけで、少なくとも不利益とはならないようURに要望を出している。

　また、「継続管理区域」に関しては、一般団地と同様、次のような自治活動を行っている。

　先のD地区居住者アンケートによると、全国のUR団地の中でもD地区には

高齢者や独居が多く、収入が低いことは現実だ。居住者はアンケートにもあったように過半は居住不安を感じ、ほとんどの人たちが「住み続けたい」と念願している。このような厳しい状況下で、自治会はより豊かな団地暮らしを求めて、日常的な活動を地道に継続させている。

　最近では、前記の年表にもあるが2019年春に集会所の改修が終了し、80名ほどの参加でお披露目会があった。また、集会所周辺屋外の整備も進んでいる。集会所を中心にして、食事会、喫茶「かえで」、多様な行事やレクリエーション（くらわんか体操、カラオケ、カーリンコン、料理教室）も定期的に行われている。屋外ではガーデニングもクラブ「D地区きらら」が中心になって、寄せ植えワーキングショップ等をURなどと協働で行っている。また、D地区全体で、恒例の行事として防災訓練、敬老会、餅つき、レストランでの食事会、なども実施している。URとの間では共益費の交渉や補修の要望書の提出、自治協の国会請願やURへの要望書提出への共同行動も行っている (注3)。

3 ｜ E地区の「集約」対応と自治会活動

（1）E地区の概況と「集約」

　E地区は、香里団地の東端部に位置し、西に向かって緩い斜面となっている。戦前、現在のJR学研線星田から香里団地の藤田川まで、鉄道省の引き込み線終着駅があった。香里兵器廠の火薬原材料や砲弾などを積み下ろし積み出しする場所であり、付近には兵器廠で働く人たちの宿舎もあった。香里団地着工時には、この宿舎は使用されていた（写真1-1 ▶30頁、図1-1 ▶29頁）。その関係で、E地区の住宅建設工事は最後になった。

　「団地再生」前のE地区は、賃貸住宅4階建て26棟634戸で、香里団地最後の1963年に管理開始。当地区は2007年の「URの再編・再生方針」で「集約」

注3　D地区自治会は、全国自治協アンケート実施前に独自に、URによる「集約」事業再開の動きを察して、団地居住者へのアンケートを実施している（2015年10月）。アンケート最後の「自由記述欄」に切実な思いが書かれていたので1つだけ紹介する。
「本当に緑が多くスーパーに近く（しかも数多い）、図書館も近く、枚方にも香里園にも近い。このような素晴らしいところはなかなか見つからないと思い、ここに死ぬまで住み続けたいです。」

に指定された。

　その「集約」の第1回説明会（＝着手）が2009年にあったが、全国的にも一番早い。

　その後、居住者からの反対運動もあったが、2016年に、E-1～5棟180戸分の敷地が民間事業者に譲渡され、戸建て住宅用地になって、すでに供給されている。従って、UR賃貸住宅は現在、残り21棟で戸数は454戸だ。その後の事業区域の拡大・事業化は進んでいない。一方ではD地区同様、内外装のリニューアルが行われ一般公募中である。

　この間、自治会が再建され（2013）、多彩で日常的な活動も展開されている。その自治会の日常活動は、次の「集約」事業再スタートに備えているかのようにもみえる（図5-5）。

　この節では、E地区居住者の思いと自治会の闘いの経緯、自治会の行動とそれへの評価、今後どうしようとしているのかなどを述べる。

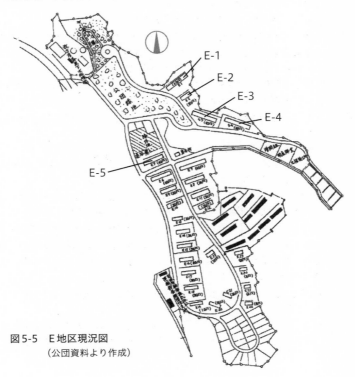

図5-5　E地区現況図
　　　　（公団資料より作成）

(2)「集約」の始まりから自治会再建まで

① 経 緯

　E地区の居住者は、「今のまま、ここに住み続けるわけにはいかないものだろうか？」と考え、まずは学習を始めた。「聞きなれない『集約』とはなんだろうか？」「今の住まいや暮らしはどうなっていくのか？」と居住者は不安をもち始めた。やむにやまれず、自治会ではないが任意の自治組織である「住み続けたい会」を発足させた（2008.12）。

　その「住み続けたい会」ニュース（機関紙）のバックナンバーおよび会メンバーからのヒアリングから、経緯（第1号2008.12～第20号2010.6）を次に整理した。

● 経緯（2008～2010）

2008年10月	・団地削減についての学習会 ・住み続けたいし、一方「集約」の問題について勉強できた。削減は反対だ ・以降、学習会、署名などに取り組む
2008年12月	・URは2008年12月11日にプレス発表（8月発表の神奈川県藤沢市の辻堂団地に続き、当年度、E地区「集約」事業への着手） ・E地区「住み続けたい会」（4人の共同代表）発足 ・署名は最終250世帯・451名分も集まる（「住み続けたい、団地つぶしの道理がない」の声）
2009年1月	・8日、250世帯・451名の署名URへ提出（URは「会とは今後も懇談したい」） ・集約型団地再生事業　第1回説明会 ・事業予定区域9棟（1～5棟〈180戸〉、7、8、11、12棟〈104戸〉）、継続管理予定区域17棟（6、9、10、13～26） ・10月の第2回説明会で、その時までに移転希望者へ条件を提示し、同時に「継続管理」予定と「事業予定」の両区域を決める ・「つぶされる予定の棟」に住んでいる一人暮らしの70歳代の女性の声*1
2009年2月	・居住権の学習会　講師：船越氏（全国借地借家人組合連合会）、講演概要：削減事業に法的根拠なし、居住の権利を守ることが大事、住み続けに意志をもって結束することが大事
2009年4月	・URとの懇談会　D地区からも参加。第二回の説明会は2010年1月にと説明 ・URによる希望調査　E地区436戸の内、住み続けたい：296、UR他団地へ：49、民間　住宅等へ：59、未提出32（1月下旬で）

2009年5月	・E地区世話人会での考え方の整理 ・「私たちの考え方」4点を基本に運動を進める。具体項目5点決めた＊2 ・UR、事業予定の区域を縮小と発表 　2009年8月民主党政権発足。以降「団地再生」事業全体がスローダウン 　この間のニュースには、居住者の思いが多く寄せられている（例：香里団地は良い、住んできて良かった、住み続けたい、出る理由はない、削減するな） 　一方この間、あきらめてE地区外転居者も多かった
2010年1月	・UR説明会を無期限的に延期と発表 ・「会」による、「事業予定区域」居住者懇談会（URからの説明はないが、住み続けの意志を確認）
2010年3月	・URより、「団地再生事業の区域決定」通知全戸配布 ・内容は、①E1〜5号棟（計180戸）を「事業区域」と確定する（2009年1月の説明会時に比し、7、8、11、12各号棟の4棟分を継続管理区域に編入）②5月中旬にE1〜5棟居住者に第2回説明会を行う
2010年4月	・緊急住民集会　E1〜5棟居住者対象に緊急集会を開く
2010年5月	・第2回URによる説明会　2012年5月末が移転期限、会役員の傍聴は認められず ・以降、「個々人とURと契約の問題」となり、「会」の入り込む余地もなく、傍聴もできなくなった。

＊1　40年住み続けて、終の住処と思っていた。この棟は空き家がないので残ると思っていた。娘が近くに住んでいるので、E地区か「みずき街」へ行きたいと、希望調査票をもって、E地区事務所へ行ったが、希望の条件にあう空室はないといわれた。「どうすれば？」と問えば、「不動産屋へ行くように」と。「さんこうマンション」が空いているといわれ、見に行った。同じような家賃の部屋は壁ばかりで、ここで一生送るのかと思うと、情けなく涙が出た。いま住んでいるところは、風呂場にも台所にも、どの部屋にも窓があり、緑が見えて、南北から風が通り抜けて、民間マンションにはない良い環境です。これをつぶすなんてもったいない。ジタバタしないで「ここで頑張ろう」と決めました。不安になっている隣人にも「ここで頑張ろう。私はそうする」といいます。

＊2　「私たちの考え方」（概要）：①団地削減は必要ない、②明け渡しや転居の強要は法的根拠がない、③URの「団地再生」はコミュニティと環境の破壊だ、④居住環境維持のために地域と協働する

　「今後の活動の具体化にむけて」（概要）：①会への賛同者を増やす、②活動参加者にカンパ、ニュースを配布する、③ホームページを作成する、④他団地自治会や居住者と連携する、⑤枚方市へ働きかける

(3) E地区自治会活動を読み解く

① 自治会再建とニュースの発行

その後、E地区自治会再結成の声が出始め、2013年の9月7日、E6棟からE26棟の計21棟・454戸の居住者を対象に再建・結成された。以降、自治会活動約7年になる。役員のなり手がなかなかない中、各棟ごとに役員が選出され、地味だが着実に活動している。

また、自治会のニュース（A4両面・若草色・毎月発行）がスタートしたが、自治会と居住者のパイプとしてよく機能している。第1号（9月号）から毎号、機関紙「E地区自治会ニュース」のタイトルには「安心して住み続けられる団地をめざして」とある。このスローガンはE地区団地居住者にとって、最も大事な普遍的な目標であることが理解される。

自治会では定期的に集まり、討論、そして機関紙を欠かさず定期発行する。その結果、徐々に自治会活動への参加者が増え、イベントや個人の趣味等も登場し多様に活発化してきていることがわかる。

② ニュースで活動状況を読む

E地区の機関紙は読みやすくコンパクトにできている。日常的に居住者の声・要求を広く集め、それを狭い紙面に表現されている。自治会活動の多様な内容（盛りだくさんのイベント、行事）がよくわかる。自治会の日常的な活動と文化的な活動に分けて、機関紙「E地区自治会ニュース」で追ってみよう。

● 日常的自治会活動

URや市・国への要望

・家賃値上げ反対
　　URと国交大臣宛に反対の署名提出
・安心して住み続けられるUR賃貸住宅を
　　家賃値上げ反対、なども含め署名提出／共益費改定問題（自治会間での討論と点検の結果をURへ指摘／結果指摘が感謝された〈2016.3月号〉）を契機にD地区、香陽、けやき東街の各自治会との交流はじまる
・国への要望
　　年末の全国総決起集会と全国の統一行動への参加／2018年は、家賃減免、住宅削減するな／修繕の居住者負担を見直して減らせ／修繕負担区分は、民法改正と国交省の賃貸住宅「標準契約書」の見直しによってUR負担が増加の結論

組織強化

・関西自治協加盟：2017年定期総会にて決定。防災関係の整備や家賃問題など団地共通の課題も取り組めるようになったし、E地区独自の要望も実現しやすくなってきた
・自治会総会、規約・会則、自治会への要望アンケート
・各棟で幹事を構成：機能すれば合理的

ニュースの特徴

・2013年9月以降のE地区自治会ニュースから、大まかに分類すると、以下のようだ。日常的・基本的で地道な活動の紹介／団地の整備・保全に関する事項は多い。実際の改修個所を調査して、要望としてURに提起／居住者側のモラルの問題で、廃品回収やゴミ出しや駐輪場使用ルールの徹底改善／市からの連絡事項、季節の注意（熱中症の対策）、大掃除のお知らせなどの転載／個人も登場（例えば、赤ちゃん誕生、団地のよさ・付き合いを投稿、人物往来〈趣味や文化コミュニティ活動をしている居住者〉等）
・これらは、どこの自治会でも普段の仕事の記事であるが、個人について、居住者に密着した記事が増えてきている

● 文化的な活動

自治会再建以降、自治会活動の1つとして文化活動も活発化している。結構多くの取り組みをしている。また、団地居住者からの多様要求、趣味・嗜好等に対応して、個々人の呼びかけなどでグループ化し、同好会も次々と誕生している。

行事、イベント

カラオケ同好会、カフェ（おしゃべりとお茶飲み会」を月1回、13年9月に20数人でスタート。その後も20人ほどで継続中）、団地散策、敬老会、「緑のカーテン」（URと自治会の共同事業、生活の楽しみが増え、家族間・団地居住者との会話が増えた）、バザー、お花見会、何でも相談会、チョイ飲み会、温泉日帰り旅行、忘年会（2015年12月 若年層の参加があったことは、今後を考えると大変よい）、ふれあい喫茶（2016年7月より）、秋の交流会、交流会パートⅡ（夕方以降の交流会、楽器演奏など）、開成夏祭りに参加（けやき東街と共同）

安心サポート

一人暮らし高齢者の安否確認をURと連携（利用料不要）

子育て

子育て世代対象の「あそぼう会」（毎月趣向をこらして）

健康の維持

熱中症対策の記事

団地のよさを知る

歴史散策

（4）E地区での座談会から

　2019年の春、6 〜 26棟の居住者の方々に集まってもらって、今の香里団地全体とE地区でのこれまでの暮らしや今後についての思いや考えを知るべく座談会をもった。参加者全部で13人（高齢者が多い）。皆さん居住歴は10年以上、1963年の管理開始後早期に入居し、50年以上居住中の方もおられた。

　座談会での意見・思いを集約すると、以下のようになる。

① 3人の方の声 （典型的事例として）

Aさん：1978年、上六のマンションからやっとのことで抽選にあたり転居
　　　　してきた。最初はC地区2DKに入ったが、生活関連の環境も交通
　　　　の便も良く気にいった（子どもの声は少々うるさかったが）。端住
　　　　戸に入れて、見晴らしもよかった。

Bさん：70歳代の夫婦。今後のことを考えると、できるだけ現金を持ってい
　　　　たいので、民間住宅への転居の選択枝はない。家賃が安いのは助かる。
　　　　公団住宅や香里団地は阪神大震災でも耐えたので改めて評価した。

Cさん：E地区の1 〜 5棟が、「集約」事業で除却されなくなったのは“カチン”
　　　　と来た。香里団地で緑がなくなり、建物を潰すことは困る。何とか
　　　　対処したい。

② 13人全員の思いをまとめると

●香里団地のよさは皆が認めている

　まずは、交通、環境（緑・公園、街路、買い物、文化施設など）、団地空間のよさを高く評価している。さらには、近年地震や台風・大雨といった自然災害が頻発しているが、住棟の堅固への安全性への評価も高い。

●一度団地外に転居すれば、団地のよさがわかる

　「集約」事業の1 〜 5棟までの居住者で、そのまま6棟〜 26棟に転居してきた人も結構いる。同じく、「集約」事業で、香里団地外にいったん出た人も、E地区に帰ってきた人もいる。移転費用をもらって民間賃貸へ移転した人も多いが、結局は家賃と住宅のバランスを考えれば公団住宅を選ぶ。

●同じ団地の同階への移転

　今回のE地区「集約」では、E地区内の移転の場合は、「同一型式・同一階」

が認められた。これを活用した人も何人かいた。

● ライフスタイルに対応した住宅の供給を

　居住者の家族構成やライフスタイルからすると、大量供給同一型の「型計画」では合致しない。URも考えてほしい。

---

8 コラム　かつて、公団住宅は狭かったが……

　かつては、公団賃貸住宅は予算の制約などもあって、狭い2DKが大量に供給されていた。2DKだと夫婦と子どもの核家族でも狭い。おまけに高度経済成長期には、米国流の生活革新・モダンな暮らしをということでテレビやマスコミなどを通じて、盛んに家電・家財道具の購入があおられた。その頃といえば、米国中流家庭を舞台にしたホームドラマが夜のゴールデンアワーに流された。その流れを受けて、日本製のホームドラマへと次第につながっていった時代だ。そして結果は、住宅内が家具・家電だらけで、気が付けば「われわれは一体どこに寝るのか？」、と悩んだりした。そうでなくとも、押し入れや板の間のDKに布団を敷いて寝たりしたものだと、よく聞く。

　例えば、2DKに住む「夫婦と子ども（小・中学生）男女二人」の家族の場合……

　「性別」かつ「親子」の分離就寝は2DKではできない。勢い、男女の子どもでも同室、あるいは親と子の就寝室不分離という選択もでてくる。住戸は床面積で家賃が決まり、型がきまり部屋数がきまる。2DKでは狭いとわかっていても、高い家賃は払えない。子どもの成長に合わせて、2DKから3DKそして4DKの分譲マンション、上りは郊外の戸建て住宅へという住み替えがスムースに進み、"住宅双六"に乗れる人はいい。しかし多くの家族は、結構長い期間我慢することになる。

　ただ、長年住み続けていくと、家族も変わり縮小していく。子どもが巣立ち高齢夫婦のみとなると、狭くなくなる。あれほど、「狭くて、何とかしなければ」と思っていたことが、うそのようになってくる。

　以上のように、E地区に長年居住し続けた人たちからみて、URへの希望や香里団地の安全・快適への高い評価がうかがわれる。ただ、それらは支払い可能な家賃と住み続けが保障される「安心」があればこそ、その高い評価が意味あることとなる。公的姿勢が大きくトーンダウンし民営化しているURに突きつけられた課題だ[注4]。

4　香陽自治会の活動と環境改善

（1）香陽自治会の特徴

　香陽自治会（D地区48.51棟と「けやき東街」11 ～ 17棟で構成）は、以下のように活発に活動を展開している[注4]。

　その実態のヒアリングと機関誌（「香陽ニュース」B4両面、月1回発行）の過去約20年分から、活動内容の特徴点をまとめた。

家賃値上げ反対と「団地再生」

　自治会活動の内、日常的な保全・改善あるいは年間の恒例行事・イベントは省略するとしたら、大きなテーマはやはり、「建て替え」後家賃も含めた家賃の値上げ反対、および「団地再生」（建て替えと集約）に関するものだ。つまり、住み続けられる家賃、住み続けられる「団地再生」を求めての活動である。香陽自治会は、この間自治協にも加盟しており、全国自治協や関西自治協と活動を共にしてきているので、結果、ニュースの紙面にも、全国の国や自治協の動きがよく書かれている。

文化活動

　日常的な住宅修繕等のURへの要望、あるいは恒例行事、イベントは引き続きなされつつ、居住者の中から、目的をもった小集団（アソシエーション）が出てきつつあり、自治会としての文化活動が活発化している。例えば以下のように月に1 ～ 2回は実施されている。
居酒屋のんびり会：住民同士仲良くするが大事であり、飲食しながら集まる（1）
すみれ香陽：おしゃべり、体操・筋トレ、歌などをお茶しながら楽しむ会（2）
こども広場：集会所でおしゃべりと子どもをあそばせる親子の交流の場（2）
仲よし会：例年クリスマス会などを実施（1）
あそぼう会：健康マージャン（2）、将棋、ゲーム、読書、編み物など（1）
カーネーション：小物づくり（2）
卓球同好会：最近できた（2）　　　　　　　　　　　＊（　）内は回数表示

第5章 「団地再生」と自治会活動・居住者の思い

（2）最近の自治会活動

① D 地区「集約」への取り組み

2008年1月にURから、前年末の「団地再生」の方針をD地区にも説明会（D48、51から60人参加）があって、香陽自治会としても、動き始めた。2008年2月から翌年にわたり「住み続けたい、削減事業はやめてほしい」をテーマに、集会、学習会を行い、全戸署名をURへ提出し交渉をもち、枚方市にも要望書提出（2009.2）するなど、積極的に取り組んだ。

そして、述べたように2016年3月に第Ⅰ期（高層D50、140戸）、2017年2月に第Ⅱ期（D10、11、41〜45、計180戸）の事業説明会があった。

香陽自治会としては、香里団地6地区会（2か月に1回ほどの自治会6地区の集まり）において、以下のように、URへの要望事項をまとめて提案している。

第Ⅰ期については、「現在のけやきなどの植栽を残してほしい」「敷地南側の共用されている部分（まちかど広場）を継承してほしい」「既存のコミュニティとのつながりを配慮してほしい」などだ。ケヤキは残せなかったが、伐採後、ベンチやスツールなどに再利用された。また、D50棟敷地内にあった金木犀4本のうち1本がD51敷地に移植された。その他の項目は引き続き懇談するということになっている（2019年12月ニュース）。

同じく、第Ⅱ期の320戸除却後跡地利用に関しては、「子どもから高齢者が集い、体を動かせるコミュニティ広場にしてほしい」と、香里団地全体の合意となるよう活動している。特に、近年地震が多く、香里団地でも防災設備が不可欠になってきており、その場所にも使えるのではとの意見もある。

② D51棟にエレベーター設置

URによるD地区第Ⅰ期（10階建高層）の「集約」事業に関連して、香陽自治会へエレベーター（EV）設置（1基）が、URから提案された（2016.8）。EV設置に対しては、D51棟は片廊下型であり、バリアフリー型（階段室型住棟の場合、階段室外側にEVを設置しても一般的には半階分の上がり下がりが

注4　D地区自治会の羽賀秀子さん、E地区自治会の梅本清さん、香陽自治会の神戸陽子さんと日笠京子さんからのヒアリングと自治会ニュースその他資料などをまとめた。また、けやき東街自治会の高野孝さん、香陽自治会の徳田幸憲さんにもいろいろと教えてもらった。

写真5-4　エレベーター設置され、住棟外装と屋外もリニューアルされたD51棟（2020）

不可欠になり、非バリアフリー型になる）EV設置ができる。効果も大きい。

　ただし、EV設置実現については、香陽自治会からの長年にわたる要望であったことが大きく、運動があったことを抑えておく必要がある。香陽自治会では、けやき東街の「建て替え」後住棟に居住する会員もいることから、古い中層のD48、51棟にもEV設置要求が強く、URにも要望書を出し（2011）早期の設置を要望していた。

　D51については、外壁も補修、改装されて見た目も落ち着いた中層住棟の姿になった。育った樹々の中に、しっとりとした住棟の姿を見せている。景観的にもリニューアルでの再生の良さを物語っている。（写真5-4）

　③デゴイチ・キララクラブの文化活動

　最近マスコミ、ミニコミ誌などで紹介された活動だ。

　D51のEV設置（2017.10完成）などの住棟リニューアルと同時に、D51直下のピロッティやバス停に向かう通路周辺での屋外の整備も注目される。自治会とURとの協働事業だ。

　このリニューアルを契機に、魅力ある屋外空間と居住者間のコミュニティを

深める「D51（デゴイチ）プロジェクト」が始動した。自治会とURの協働であるが、EVも含めエントランス改修や屋外空間の物的整備はURが行い、そこでの日ごろの花の世話などは、自治会側が組織した有志のクラブ（キララクラブ）が担う。日常的な「キララクラブ」活動は園芸のプロの参加も得て、花壇（デゴイチガーデン）の手入れなどに多くの居住者が参加し、この屋外の花壇などの日ごろの手入れなどを通して、住戸内から外に出て近隣と交流し、また付き合いもさらに深まっていっていることは、高く評価できる。

　花壇は2018年2月に完成し、全国からの見学者も多く、千里ニュータウンにある青山台団地居住者等との交流もある。

　香里団地内でこのような形で、URによる屋外整備を居住者参加で進めることは、近年あまり見られなかったが、これを1つのモデルにして、多様に展開されることを期待したい。

　自治会とURなどとの協働で、団地の屋内外の整備を進めることは大事である。さらに多様なカタチで展開・深化させていくことが求められている。

---

5 ｜ 自治会の課題

（1）本節のまとめ

① 全体的な共通の思いと自治会活動

・香里団地の住宅、環境、そして建て替え前の人間関係のよさを評価し、香里団地にこのまま住み続けていきたいと思っている居住者が圧倒的に多い。

・各地区自治会において日常的な活動（ニュースの定期的発行、居住者の声に応えての様々な行事やイベント、恒例の防災訓練、祭り、食事会、あるいはURへの補修や改善要請、共益費交渉）は、居住者の協力を得ながら、積極的に進められている。

② 自治会の活動状況は各地区によって異なる

● けやき東街、みずき街、さくらぎの街

・「建て替え」後の「戻り入居」の居住者からの評価は高く、家賃に関しても許容できる範囲だとの意見が多い

・3地区での「建て替え」により、かつてのコミュニティの断絶がみられる
・新規に入居してきている若年家族層にとっては家賃が高く、短期間で他の分譲住宅などに移転するなど、様々な困難を抱えている

● D、E、香陽地区

・低所得高齢者層が多く、圧倒的に「住み続けたい」と願っている
・URは「集約」を断念して、リニューアルで再生していく方向に切り替えるべきだ
・（香陽地区）D51のエレベーター設置や屋外の花壇の整備をURなどとコラボしている

（2）自治会の課題

　香里団地の今の「団地再生」の問題をまとめたが、豊かな団地暮らしを目指して、「団地再生」をどのように進めるか。香里団地では、将来ではあるが周辺の地域整備も含めて、まちの整備を考えていくことも求められよう。各地区の「団地再生」や居住者の思いの状況をみながら、自治会の活動方向を考えた。

　①学習する

　主要には、団地再生、URのあり方、住宅政策、居住福祉（高齢者、母子・父子家族、児童、若年家族）など幅広い学習を居住者間で、各地区を越えて行うことが望ましい。かつ、全国、特に関東での実践的事例収集、関西の公団での事例、URや自治協の動向などをつかむことも大事。これら題材に日常的に多くの居住者、自治会が参加していくことも大事だ。

　②組織を強化する

　香里団地では、「建て替え」と「集約」でコミュニティがバラバラになってしまった。その再構築には時間がかかる。自治会の組織の確立も新旧、老若、階層などとそこからくる考え方の違いにも配慮しながら、時間をかけて、忍耐強く進めていく必要があろう。自治会のあり方の議論も重要だ。課題の一致点を見つけ、お互い歩み寄るしかない。

　③香里団地で1つの自治会へ

　第2章でもみたが、かつては団地に単一の自治会であって、「日本一」など

と言われた。大規模団地であり、価値観・考え方も多様だが、一致点はある。
今でも、2か月に1回ほどではあるが、6地区の交流会がある。振り返ると、
入居当初の頃から、連綿と断続的ではあろうが、交流の場は継続している。こ
の交流の場を何より大事にし、話し合いを徹底していけば、自然と1つにまと
まっていくことであろう。

　④UR、枚方市との協働

　豊かな団地暮らしを支える団地空間あるいは周辺のまちづくりでは、UR、
枚方市との協働は不可避となろう。1つの自治会にまとまるとURもきっちり
対応してくる。その関係を基に、近い将来枚方市のまちづくり担当部局も入れ
て、三者で話し合いの場をつくることが、大きなステップになる。この点で、
本書の補章で取り上げているが、「多摩平の森」の三者勉強会が大いに事例と
して、役に立つ。

第6章

文化活動の
多様な展開

6-1. 「香里後半」の文化活動の特徴

1 ｜ 新たな潮流

　香里団地では、この10〜20年間で文化活動面に新たな潮流も生まれている。

　香里団地内外には、「香里ヶ丘の地域環境が気に入り歴史と現在を評価し、また香里団地の居住空間が気に入って住み続けている」、かつ「子どもから高齢者まで居住者間でのコミュニティ形成を大事に思っている」といった人たちも多く住む。

　これらの人たちによる、香里団地空間の居住環境の改善・改悪阻止、維持・保持のための「環境型」の文化的活動が、この20年ほどで発生・発展してきている。同時に、団地内外の歴史を考え、平和を希求し、子どもにいい本を、そしてかつての「文化会議」の活動を学ぼうとする、いわば社会的な志向を重視する「社会型」文化活動のグループもある。これらが、地道に小集団ではあるが粘り強く活動している。

　ここには、60年にわたる香里団地での例えば「香里ヶ丘文化会議」による文化活動の伝承もみる。同時に5〜60年前の文化活動とは異なって、今の文

化活動が団地外にも地域的拡がりをもちつつあることが特徴になっている。これらを荷っているのは、女性も多いが男性高齢者も結構いて、地味ではあるものの、したたかに活躍している。

　これからの時代に、香里団地の5〜60年前からの文化活動のDNAを引き継ぎ、未来にバトンをタッチしていかなければならない、という気迫さえ感じられる。

2 ｜ 取り上げる文化活動

　本章では、香里団地内外の居住者・市民自らが、「香里後半」あたりで自らの地域や居住地で自主的・自覚的に立ちあげた文化活動を対象にして、香里団地で"聞き込み"した情報から、以下のグループ集団を取り上げた。

> 1 「環境型」文化活動
> 　居住環境の改善・整備や悪化阻止の「環境型」文化活動として、市立美術館建設反対、香里ヶ丘図書館「建て替え」、香里ヶ丘の自然環境保護の3つ。
> 2 「社会型」文化活動
> 　主には社会的関係や人間関係を中心に活動する「社会型」文化活動として、香里の歴史を考える会、香里めざまし新聞の復刻、エントツ山九条の会、こどもと本香里ヶ丘市民学級、写真展の5つ。

　ヒアリング内容は、各々のグループの「そもそも、会の目的、広がり、活動内容、経緯、組織および活動の意義」等々だ。

　いずれの文化活動も、香里団地とその歴史およびそこでの人々のつながりをかけがえのない大事なものとして、

　①「団地再生」や市の姿勢の変化で痛手を受けた、団地のコミュニティを再構築しよう、②香里ヶ丘地域・香里団地といった"居住空間"を大事にして、そこでの暮らしを豊かなものにしよう、という思いに満ちたものだ（表7-2 ▶ 197頁）。

　これまでもそうであったが、誰でもが享受できるこれからの豊かな団地暮ら

しの実現を考えた時、安全・快適・安心に併行しつつ、文化は大事な要件になってくることは間違いない。文化の向上には、自治体やURを動かしまた協働していかなければならない場面もあるだろう。そのためにも、まずは、居住者・市民自らが、自らの要求・意見をもって自主的・自覚的に活動していくことが大事だ。とにかく文化活動は「てま」と「ひま」そして「かね」がかかる（序章2015）。

　本書ではピックアップできてないが、香里団地内には先進的な活動グループや今後成長する新しい芽など他にもあるだろう。それらは今後取り上げていくとして、以上の8つを本章で対象にする文化活動事例としたい。

6-2.「環境型」文化活動

1 市立美術館建設反対運動

（1）発端

　2013年の3月に香里団地周辺居住のO氏から、枚方市に美術館建設と自ら所蔵する80点もの美術品寄付の打診があった。個人の寄付で「箱もの」部分の美術館だけでなく、「中身」の展示美術・芸術品も含めての提案であった。

　どこの自治体でも文化の代表的施設と思われている美術館開設には食指が動く。これが、例えば、京阪電車枚方市駅周辺でのビルの中に開設とでもいうのなら、それでうまく納まったプロジェクトだったのかもしれない。ところが、開設場所が香里団地のど真ん中の、居住者・市民に親しまれている中央公園（2.6ha）の一部活用（1,200㎡。アラカシなどの自然林の樹木を切って更地にする）では問題が大きすぎる。さらには、ただでさえ苦しいはずの枚方市財政の負担も長期にわたり重くのしかかる。それでもなぜか、当時の竹内市長は香里ヶ丘中央公園での開設を決めた。

　枚方市は2014年4月中核都市移行を目前にしていた。市長にとって文化施設は喉から手が出るほど欲しかったのだろうか。様々な政治的な思惑も働いた

のかもしれないが、市長は市民の意向を聞かずに、建設へ動いた。

　以下、2014年6月に香里団地内外の居住者・市民有志で結成された「香里ヶ丘中央公園見守り隊」（見守り隊）を中心にした、実に熱心な中央公園での市立美術館建設反対運動を中心に経過をたどる（文献1などを利用）。この運動は、環境改善というよりは中央公園での開設による居住環境の悪化を阻止しよう、環境を守ろうと考える、居住者・市民の広範な文化活動である(注1)。

（2）運動の経過

2013年	
3月	O氏から市に市立美術館建設と所蔵する美術品の寄付打診
7月	市のトップ、提案受け入れ。団地内香里、香陽、五常、開成小学校区4つの校区コミュニティ協議会会長に説明（各会長から各地区居住者への説明なし）
9月	市議会議員へ建設現地説明会（「香里ヶ丘中央公園」で27名参加）
2014年	
3月	市長とO氏覚書。「負担付寄付（美術館の建物）の収受」について市議会可決（NHKで放映）
5月	市民の要望で地元説明会（まずは開成小で、参加者76人）
6月	枚方全市民向け説明会（市民会館、120人収容の部屋は狭すぎると、市民から抗議）
	「香里ヶ丘中央公園見守り隊」結成
8月	市長出席で、工事説明会（開成小、127名出席。出席者から「説明会は認められない」の声）
	"ゆれる美術館計画"（読売新聞に記事掲載）
	20日に「市民の集い」を中央公園で開催（160人参加、署名1万筆）
9月	再度の説明会開催の請願署名も議会で否決
	「枚方市立美術館条例の制定について」（市立美術館設置、場所は香里ヶ丘4丁目）可決
11月	「市民無視の美術館建設を白紙に戻し再検討を求める市民・団体」（代表古谷学、神戸陽子、伊藤久史）、市長宛の抗議文「市民無視の美術館建設を白紙に戻し再検討を求める」提出
12月	枚方市議会宛「枚方市立美術館計画の一時休止を求める請願」提出するも、否決される
2015年	
1月	「街角シール投票」（ピーコックスーパー前で実施、80％以上が建設反対の意思表示）
3月	絵本「アラカシのもり」(注2) 1,000部発行
4月	抗議活動7か月、反対署名17,000筆

5月	絵本「アラカシのもり」原画展200人入場（南部生涯学習センター）
7月	監査委員室へ住民監査請求書を提出（記者クラブで記者会見）
8月	現地座り込み1年。市長選挙竹内氏落選、伏見氏当選
2016年	
9月	住民監査請求は棄却の通知あり
10月	伏見市長、本会議所信表明演説で美術館白紙撤回
12月	O氏との覚書の解約と条例廃止の議決

　2016年12月市議会で、全国的にも例のない、既制定条例を廃止し、同時に別の条例を制定することで、香里ヶ丘4丁目の中央公園の市立美術館建設が中止となった。

（3）美術館建設の問題点
①建設決定過程が反民主的
上記の経過をみても明らかだ。

　建設について市のトップはO氏と秘密裏に決めて、地元には関連各校区コミュニティ協議会代表4人のみには知らせたが、市民への説明は1年以上経ってからであった。市民も知らない、議会での議論も十分ではないということでは、戦後培ってきた枚方市の民主主義はどこに行った？　ということになる。何の相談もない市民は納得しない。反発が大きく、強力な反対運動が起こるのは当然であろう。居住者・市民が機敏な反応を示し、運動を展開したことが功を奏している。

②環境の破壊
枚方市行政での香里団地の位置は何かと大きい。

　その中央にある、「中央公園の一角になぜ建てるのか」「他に適地あるいは適当な場所はないのか」「この公園は市民に親しまれ、多様に活用されている」などの疑問や利活用実態が居住者・市民から渦巻き、沸き起こった。そもそも、

注1　「見守り隊」メンバーのG氏が以下のような感想を述べている。「住民運動とは、何か問題が起こった時、地域住民が、職業・肩書きの服を脱ぎすて、思想信条を乗り越えて、一人の市民として、市民の団体として参加し、一致できる点で団結して、要求の実現や問題解決に向けて運動することではないでしょうか」と。けだし、名言ではなかろうか。

香里団地当初の開発コンセプトにもある「自然を残す」を実現してきた中央公園であり、まだ200年は生きるといわれるアラカシの森を伐採・破壊することは、居住者にとって認められるものではない(注2)。

③ 事業内容ずさん

とにかく、事業スキームが荒っぽい。

O氏が7億円かけて自分で建設する美術館とO氏所有の美術品等を市に寄付することはいい。ただ、市の財政負担として、年間7,000万円程度維持管理に要するというが、一方、収入面では入場料など年間計500万円程度しか入らないとの試算であり、大赤字だ。しかも、市がこのランニングコストを負担することが寄付の前提となっている（市は30年間の維持義務あり）。最初の建設段階でのイニシアル費用は問題ないとしても、市にとって結局自らの負担が長期にわたり過大となってくる。

全国的にみても建設したはいいが、運営面で破綻する公立美術館は多い。本美術館も"箱物行政"の二の舞になることは明らかであった。

(4) 白紙撤回させた市民運動

① 見守り隊の活躍

上記の経緯をみてもわかるように、地元香里団地と周辺地域への説明会は、市民の要求があってやっと2014年5月に行われた。校区コミュニティ協議会の会長への説明から8か月も経ってからである。しかも、すでに2014年3月市議会で「負担付寄付の収受」が可決されている。つまり、市のトップの方針を議会で決定したが、居住者・市民は全くノータッチで蚊帳の外に置かれたことになる。団地居住者・市民にとって、これはありえない話だ。議会で決定した後で、市のトップが市民に何度説明会を開催しても意味がない。当然、次のステップとして建設工事に進んでいくことになった。

対して、居住者・市民側も動きは早く、6月には見守り隊を結成し、一歩も

注2　香里ヶ丘在住の松本幸子さんが絵と文を書いた絵本「アラカシのもり」だ。2015年3月出版。美術館建設により、居住者・市民の大事な憩いの場である香里ヶ丘中央公園内のアラカシの森が消えてしまうのは忍びないと、「見守り隊」の協力を得て作成。

引かない体制を敷いた。

　ところが、同年8月には市は、工事の準備に入り、市民側は当然、「工事は不当だ」と、85名の市民が体を張って阻止した。以降は、毎日朝7時～夕4時まで現地での抗議行動を続けることになった。特に、団地居住者だけでなく、市民の、実に毎日、ほぼ1年にも及ぶ現地での座り込みは、困難にもかかわらず貫徹された（2014年8月～2015年9年）。

　見守り隊活動の意義は大きい、自然を大事にするという当初の香里団地全体のMPがあり、団地建設着手から60年経過した。もともとあった自然と60年かけて新たに形成された自然を居住者、市民は守り抜くという強い意志の下に団結した。そのコアが見守り隊であったわけだ。

　これらの動向はマスコミ各社も取り上げ、反対の輪も居住者から市民へ、そして団地内から団地外へと拡がった。2014年9月20日には「市民の集い」を開き、多様な人の参加と多様なパフォーマンスがあった。建設反対の団体もいくつかでき、市長、市議会議長には要請活動が展開された。2015年の4月には、反対署名17,000筆が集まり、毎日の抗議活動も7か月を迎えた。この投入された居住者と市民のエネルギーや情熱には驚嘆する。

　運動の経過が示すように、市長や市議会を動かし、2016年12月には全国的に珍しい自治体条例の廃止と新たに条例を制定するという事態をも招いた。

②コミュニティ活動への影響

　考えられるあらゆる手立てをとって、形式的にせよ、市議会で議決され、建設工事の準備にも入った市の事業を白紙撤回させた意義は大きい。以降の香里団地でのコミュニティ活動にも大きな影響を与えている。

　述べたように短時間で見守り隊が結成された。以降は、次節の「香里の歴史を考える会」に発展し、今に至っている。この見守り隊のコア部分は、香里団地に長期にわたって住み続けてきた居住者が多く、また、香里団地外居住メンバーもいることが特徴だ。香里団地内外からの居住環境のよさを評価し、その破壊に対しては反対の立場の人たちである。団地内外間での"社会的境界"がなくなりつつあることを示すものでもある。

2 ｜ 香里ヶ丘図書館「建て替え」問題

(1) 図書館行政の基本はなにか

　近年公立の図書館を取り巻く環境において行政が後退し、それに呼応して民間事業者による建設、運営、管理への進出、と大きく変わりつつある。行政の広範囲にわたる新自由主義政策の具体化である。これらを背景にしながら、公立図書館のあり方を考える場合の基本的視点を、次のように考えたい。このような立場から、香里ヶ丘図書館「建て替え」と「分室」廃止の問題も考えていきたいと思う。(写真3-4 ▶ 99頁)

1　公立図書館は行政側が責任をもって建設・運営する

　欧米の図書館の事例をもち出すまでもなく、公立の図書館は多くの市民に「知や情報の宝庫」として利活用され、幼児から高齢者まで誰にとっても大事な存在である。混迷の時代の今こそ、その充実が求められている。公立図書館では、行政側が公的立場を堅持して、市民に対して責任をもつ（制度・建設・予算、組織・人事、運営などすべてにわたり）ことが基本である。

2　建設・運営は民間委託ではなくて市民の参加で

　公立図書館の建設と運営も大きく変わってきている。建設段階から市民の意見を取り入れていく姿勢が求められるが、そうはなっていない。今や総務省や文部科学省の意向をふまえ、民営化の図書館行政に変化・変質してきつつある。図書館にさえ「指定管理者制度」が導入される事態だ（コラム9 ▶ 173頁）。図書館の運営はこのような民間委託ではなくて、行政の責任のもと、市民の参加を増やし市民と行政が協働で行うのが好ましい姿ではなかろうか。図書館を利活用するのは市民であり、まずは市民が使いやすいように、運営を考えるのが筋だ。

3　SNSと紙媒体の共存

　昨今、パソコン・スマホ等によるSNSの急速な発展と関連製品の開発と普及の中にあり、紙媒体の図書類から市民は離れつつある。しかし反面、紙媒体のよさは相変わらず高く評価され、世に言われるほどにやがてはなくなると

いうこともなさそうだ。両者をうまく組み合わせながら共存・共栄させていくことが、好ましい解決の姿だ。

4　公立図書館が立地する地域の諸特性も考える

　香里ヶ丘図書館については、第3章3-3などでも述べたが、香里団地60年の歴史の中て居住者・市民の読書会等への取り組みを継続するなど、図書館への思いには強いものがある。また、地域の実情をよく知り、運営をよくしていく活動も盛んだ。この動きを、枚方市は大事にして、居住者・市民と市の話し合いをもち、図書館運営にも反映させるべきではなかろうか。

　以下、これらを基本に置きながら、香里ヶ丘図書館「建て替え」に伴う運営への、香里団地内外で取り組まれている居住者・市民の多様な活動をみていきたい。

（2）市の図書館運営と香里ヶ丘図書館
① 枚方市図書館運営

　枚方市のHPを見ると、「枚方市立図書館第3次グランドビジョン（案）」（平成28年3月、枚方市教育委員会）が掲載されている。今後はそれに従って、香里ヶ丘図書館も計画・運営されるであろう。

　そこには、市立図書館の理念として、社会教育機関と地域情報拠点の2側面をもつとあり、「(2) これからの市立図書館運営の基本的な考え方」として、以下の4点をあげている（20p 〜）。簡潔には、①滞在型図書館化、②課題解決支援の機能強化、③生涯学習支援、④効率的・効果的な管理運営体制を構築する、である。この中で、最後の④が最も問題だ。

　この、④項の冒頭に「財政状況が厳しい中……」とあるが、端的に言って民営化を図る、つまり運営を民間に委託するという方針を示唆している。だとすれば、これが本当に、図書館のこれからのあり方になじむのか、大いに問題とすべきところだ。

② 「香里後半」での香里ヶ丘図書館「建て替え」計画

　枚方市では、2005年に中央図書館が開設されたが、そのまえに香里ヶ丘図

書館は、楠葉図書館とともに2つの「図書館分館」の1つとして開設された（1974）。市内には現在、この2分館を含め7つの「分館」が開設されている。また、香里ヶ丘図書館には村野、釈尊寺、茄子作、東香里、香里園の5つの「分室」が配置されているが、現在そのうち3分室（茄子作、釈尊寺、東香里）の廃止が大きな問題になっている（分室はこれらを含め、市内に9室ある^(注3)）。

　枚方市は、現香里ヶ丘図書館が、開設後40年以上経過し、建物の経年劣化、狭さ、バリアフリーも遅れ、市民からは使い勝手の悪さも指摘され、「建て替え」ることとした。管轄の市教育委員会社会教育部は2016年12月（前記「第3次グランドビジョン」と同年）に「香里ヶ丘図書館「建て替え」基本計画」をまとめた。

　その中で、図書館のサービス機能として、市南部の拠点図書館、高齢者等の居場所、子育て・若者の役に立つことの3つをあげ、かつ、香里ヶ丘地域の魅力アップに寄与すべく、「地域の活性化」「地域の歴史を後世に伝える」「IT機器等の活用」の3つを課題としている。そして、図書館のサービス機能として最後に、民間ノウハウ（設計、管理運営＝指定管理者制度）を活用した効率的な運営を掲げている。

（3）「建て替え」に対応する、居住者・市民の活動

　ここではまず、すでに述べたが香里前半での動向をおさらいする。その上で、香里ヶ丘図書館の「建て替え」に関してその企画・計画・設計そして運営に関

注3　香里ヶ丘図書館の「建て替え」後は、市は本図書館の半径1.5キロ圏にある3つの図書館分室の廃止の方針である（2018.02方針説明）。
「見守る会」は、「枚方市の図書館をよくするぞうの会」「枚方市図書館行政を考える会」「東香里分室の存続を願う会」などとも共闘して、分室廃止に反対している。市の実施したアンケートにも分室存続の声も多く、また、幼児から高齢者まで多くの居住者からも大いに期待されている（見守る会」と「考える会」が実施した、2018年8月のシール投票でも92％が存続要望）。市民の地域密着型の分室存続の声は大きく、「見守る会」としては、例えば「枚方市駅周辺の再開発に巨額の市の予算を使うのなら、ごくわずかな分室維持費は何とかなるのでは？」と訴えてきた。しかし、2021年2月末をもって、上記3分室は閉鎖されることになった（市HP）。それでも、「東香里分室の存続を願う会」などの市民からは、分室撤退後も施設が残ることから、市民がボランティアとして運営する「本のある居場所を創ろう」など、次のビジョンが芽を出している。

して、まさしく図書館内外での環境改善を目的にした文化運動を居住者・市民がどのように展開しているのか、その概略をみる。

① 「香里前半」での読書会・図書館開設運動

　第3章で述べたが、文化会議の活動の1つに、「主婦の読書会」の開催があった。また団地居住の中学生が図書館の開設要求をめざまし新聞に投稿したり（1964）、あるいは自ら、読書会を始めたりした。新婦人のグループは私設の図書館ともいえる「わかば文庫」を開設した（1969）。このような1960年代の10年間は、団地での読書会は断続的ではあるが、100人ほどものメンバーがいるほど、知識欲が強く、豊かな団地暮らしの実現につながる読書会活動が盛んであった。

　以上のような団地居住者のパワーが、香里団地で図書館を開設させる大きな原動力になった（1974年に現地に分館開設）。その後は、団地外からの利用者も多く、1973年開設の「香里ヶ丘分室」が楠葉図書館と並んで「二大分館」に成長した。開設1年後には図書館増設要望の声が上がったほどの盛況であった。

② 最近の居住者・市民の活動

　居住者の「いい本を読みたい、読ませたい」「読みたい本を自由に読みたい」という、図書への要求は香里団地の歴史とともに連綿と受け継がれてきている（本章6-3で述べる子どもにいい本を読み聞かせる活動〈1983年〜〉や、各種読書会など）。

　この5〜6年間での、香里ヶ丘図書館の「建て替え」をめぐる市の動きと、それに対する居住者・市民、特に「見守る会」の活動を中心に振り返る。

　最近の市民団体三者、居住者・市民の活動経過は以上のようであった。

　冒頭に述べた、公立図書館のあり方に関しては、行政側の責任としては弱体化し、建設もそうであるが特に運営については、民間委託ではなく市民の参加でという市民の要求は、実現していない[注4]。

注4　本項については、「見守る会」の駒木根淑子さんからのヒアリングと資料による

市の動きと「見守る会」の活動

2014年1月	単独館である香里ヶ丘図書館を除く、生涯学習市民センターとの複合型図書館（複合館）6館について、市が指定管理者制度導入を表明したことを受けて、居住者・市民は「枚方市の図書館行政を考える会」を結成した。
2016年4月	市は、牧野とさだの2館について指定管理者制度を導入した。2年後にはそれを6館に増やすという予定であることも、公表された。
2016年秋	香里ヶ丘図書館の「建て替え」方針が発表された（方針の中に、すでに「指定管理者制度の導入が有効」と書かれている）。
2016年12月	・「香里ヶ丘図書館の「建て替え」基本計画」発表と同時に、「香里ヶ丘図書館を見守る会」（見守る会）(注5) が結成された。「見守る会」は結成前に居住者・市民を対象に「「建て替え」について」のアンケートを実施し、141名から回答を得た（同年10月）。 ・そのアンケートの結果で、およその傾向をかいつまんで紹介すると、「「建て替え」には賛成」「年齢を問わず来館している」「広く香里地域から来館している（団地内からの来館は6割以下）」「今の図書館の本の数少ない」「今の施設への不満（バリアフリーない、トイレ改善要）」「今後の管理民間委託反対」などであった。
2016年12月	・方針を具体化した基本計画が発表され、説明会が開かれたが113人も集まったという。関心の高さがわかる。「見守る会」は、上記アンケートの結果を発表し、指定管理者制度導入前提の市の計画案を見直すると同時に、市立美術館建設反対で学んだが、基本設計段階からの市民参加を要望した。 ・これに対し、市は「意見交換はやるが、指定管理者制度導入見直しには応じない」という姿勢であった。
2016年〜2017年	・枚方市内や大阪府下・他県の各図書館を見学し、図書館の実態やあり方について、内外の資料にあたり学習を行うなど「見守る会」の活動は活発化した（この頃会メンバー20人弱）。 ・市側担当の社会教育部長に対し、市民からの図書館設計内容や運営の対案を出し、指定管理者制度をすでに導入している牧野・さだ2館の検証、要望や質問を出し、市民向けには「香里ヶ丘図書館を見守る会ニュース」も発行した。
2017年6月	市議会では、①牧野・さだ2館では、財政の縮減・効率化になっていない、②これから実施する4館も個別には窓口一本化できない、③複合の6館すべてを構造上窓口一本化できず、2館ずつのグループに分ける、と指定管理者制度の導入時の問題点が新たに浮上した（1893筆署名提出）。
2017年の後半	市の担当部局と「見守る会」・市民の間で香里ヶ丘図書館の設計に関してやり取りがあり、2018年2月に枚方市から基本設計の最終案住民説明会があった。

171

2018年6月	市議会文教委員会に、香里ヶ丘図書館「建て替え」に関して、3団体と57人の個人により、指定管理者制度導入の見直し等の請願がなされたが否決。
11月	・「見守る会」など市民団体三者により、市教育長と中央図書館長宛に質問及び要望書を提出した。「見守る会」が新図書館に「作成した布絵本を寄贈したい」「中央図書館の機能を十分維持していくだけの正規の司書の採用を求める」「図書館協議会の設置を求める」、等であるが、いずれも「今後あるいは別の部署で検討します」の返事で、「その方向で検討・実施します」ではなかった。と ・その後、中央図書館と更に交渉を重ねた結果、2020年1月布絵本などの寄贈受け入れが決定し、新香里ヶ丘図書館に置かれることになった。
2019年1月	設計内容においてはこの間での市民の意見も一部取り入れられたが、着工（2020年夏には開館予定）。
11月	「枚方市図書館行政を考える会」（考える会）「見守る会」「枚方市の図書館をよくするぞうの会」（三者）による枚方市教育委員会教育長宛の要望書に対して回答。
2020年1月	中央図書館が、「見守る会」の布絵本チームが作成した布絵本・布かるた・エプロンシアターの寄贈受け入れ決定
3月	東香里分室を利用する市民による「分室存続の請願」を市議会否決、新香里ヶ丘図書館建物完成
4月	新香里ヶ丘図書館に指定管理者制度導入実施（3年契約）
7月	22日、香里ヶ丘図書館開館（指定管理者制度導入）（写真6-2）
2021年2月	東香里、茄子作、釈尊寺の三分室閉室予定

（4）さいごに

　香里ヶ丘図書館は団地居住者だけでなく、団地周辺市民の利活用も進み、楠葉と並んで市の南と北2地域の分館として位置づけられてきた。今回の香里ヶ丘図書館「建て替え」は、この歴史を踏まえ、団地の居住者・市民が使いやすく・楽しく・心温まりかつ役立つ香里ヶ丘図書館としてどうあるべきかを提起した。

　これを受けて、立ち上がったのが「見守る会」等の市民団体三者の運動である。ところが上記のようにご

写真6-1　建て替えられた香里ヶ丘図書館（2020）

く最近の動きとして、市は「見守る会」による、指定管理者制度の見直しや各種要望（2019年11月）にも、応えていない。今後の香里ヶ丘図書館の運営にあたり、市は、「見守る会」等三者だけでなく、香里団地の居住者あるいは市民の声にもっと耳を傾け、意見をよく聞くことが必要ではないだろうか。

　第3章の3-3でも述べたが、香里団地のごく初期（1964）、四中の中学生によるめざまし新聞への投書により、香里団地で早期の公立図書館開設へとつながった。また、団地開闢以来、読書と図書館へのこだわりをもっている香里団地内外の居住者・市民は多い。この60年にわたる文化活動の大きな流れの1つである読書会・図書館開設運動が、姿を変えつつ今も、滞りなく流れていることに注目したい。

9 コラム　指定管理者制度の公的図書館への導入

　指定管理者制度は地方自治法の改定により、2003年に導入。民間事業者等に公的事業を代行させ、民間等が有するノウハウを公的施設にも活用することで、住民サービスの質向上を図ろうとする制度。この15年ほどで様々な公的施設に導入されているが、主目的のコスト削減にはならないこともあるなどの問題が出ている。

　図書館関係では、日本図書館協会「図書館における指定管理者制度導入の検討結果について」（2015年調査報告）（総務省HP）によると、2015年現在で指定管理者制度導入の全国図書館数でみれば、公立図書館（3241）の内で430館と13.2%

である。他の社会教育施設（博物館、劇場、社会体育施設）に比し、公民館などとともに低い割合になっている。

　この事実からも、図書館運営は、もともと収益性を期待することから最も縁が遠く、100%国や自治体が直接行う（つまり直営すべき）ものである。直営すべきと考える市民も多く、また、文科省や総務省のトップによる、導入に対する批判的な見解すらみられる。「みんなの図書館」（2016年5月号）には、全国各地で民営化の進んだ公共図書館での問題多発の報告や、いったん民営化したが再度公共の図書館や自治体直営に戻った事例も紹介されている。

3 ｜ 自然環境を保護する

（1）枚方いきもの調査会植物部会

「枚方いきもの調査会」（調査会）は、2002年1月発足し、枚方市内の生き物調査とその保護に取り組んでいる。調査会には「野鳥」「植物」「昆虫」「めだかと魚」、の4つの部会があり、この中で、植物部会も2002年から、各地で調査を続け、特に住宅団地でありながら、豊富な植物が分布する香里団地に着目し、少人数ながら、精力的に取り組んでいる。それらの調査結果を木村雅行氏（部会代表）などが冊子にまとめた（文献2）。以下は、木村氏からのヒアリングをまとめ、筆者のコメントを加えたものだ。

（2）香里団地の植物をどう保存するか

① 香里ヶ丘の植物

香里団地一帯の香里ヶ丘は、陸軍の兵器廠の工場であったことから山は削られず、谷の埋め戻しも少なく自然環境が残された。また、地質が粘土質で保水性の高い大阪層群から成り立っている。これらの環境条件は湿地を好む植物の生育に適していた。

その後用地が公団に引き継がれ、団地のマスタープラン作成において、西山研究室の自然環境を残し公園緑地も大きく確保するという方針を基本的に公団も取り入れ、開発された。結果、自然が残され、植物の生育環境も保全された。いまでは、関西でも有数の大規模住宅地となったが、希少な植物が数多く生き延びる結果となった。

ここまでは良かったのだが、やはり、「団地再生」時代になり、URの民営化が重なると、団地の屋外空間は少しずつ、窮屈になり、植物の生育環境は厳しくなっていった。そして今や希少植物が絶滅の危機にある……。

植物の生育については緑地の管理や保全の方法にも大きく影響を受ける。

公団や枚方市の植物の手入れに際し、現在のようには機械化されてなく、人による草刈りなどが実施されることにより、植物の多様性の保持にプラスに

なったことも見逃せないことだ。このような経過を経た「香里前半」であったが、「香里後半」の「団地再生」の時代では、屋外の植栽等の管理で手入れの作業環境が大きく変わりつつある。つまり、「建て替え」られ、住宅が高層・高密化し、施設が高容積で建てられ、大きな斜面が垂直の擁壁に変わり（写真4-4 ▶ 117頁）、緑の空間がかつてに比べて大きく減少している。これらは、「団地再生」の経済性からみれば、やむを得ないことかもしれないが、植物全般の生育環境上は大きく後退し、劣悪化していることになる。

　ただ、「調査会」が2016年までに、香里ヶ丘1 〜 12丁目において確認したところでは、自生もしくは野生化したシダ植物が48種、種子植物が668種にも上ったという。これら希少種や多数種の確認は，「団地の建設から今日までの長い年月の間、絶えることなく継続されてきた斜面等の草地の除草管理が、草原・湿地を好む植物をここまで生き長らえさせてきたことは明白だ。」（文献2）と述べていることからもわかるように、まだ生き残っている植物が多数あることも事実なのだ。

　例えば、2014年9月、近畿圏では希であって、大阪府レッドデータブックでは絶滅種とされている、「ヒメシオン」という草花が日当たりのよい斜面草地で確認された。が、この生育地の斜面は、2016年に団地の施設建設のための造成で消滅した。

　② 要望

　香里団地は1990年頃からの「建て替え」事業で、空き地だったところも住宅が高層・高密化し、施設で埋められ、植物の生育環境が悪化の一途だ。土の部分がコンクリートや施設用地になり、緑地がなくなっている。植物は悲鳴をあげている。何とか、これ以上の緑の減少は止めてほしい。

写真6-2　現在の以楽苑（2020）

　香里団地では、ほんとに緑が削られてしまって残念ではあるが、次のような

場所は是非残し、保全してほしい。具体的にいえば、植物の生育環境に優れていると思われる、「まとまった緑の残る公園（東、南、観音山など）」「広面積の斜面地（特にD地区のD48棟北、D地区スター型住棟周辺、各敷地周辺の法面）」、そして「以楽苑」だそうだ。（写真6-3）

（3）筆者の思い

　自然環境をどうみるかであるが、結論からいえば、団地の再生をリニューアルで取り組めば、屋外空間にもダメージを与えずそのまま残すことも可能だ。自然環境を保全することにもなる。

　かつての「建て替え」前の香里団地からすれば、木村さんも述べているように、特にUR賃貸住宅が建っていたかつての敷地内長大のり面などの緑が減ってきている。

　団地の居住者特に子どもたちが、身近に植物に接し、生き物に触れることは、生き物と共生し自然を知るという点でいうまでもなく重要だ。"遊びの天才"である子どもたちのヒップスキーや草野球ができない（写真4-1〜4-4 ▶ 116頁）。特に希少植物が危機に瀕しているだけに、喫緊の課題だ。それでもなお、香里団地では、敷地の自然のままの形状・高低差も残り、公園・緑地・斜面・森等、他の団地にない自然へのアクセスのよさが残っている。

　この先人たちが必死になってつくり上げてきた恵まれた居住空間を団地の再生や管理・保全に生かすべきだ。このようなことを通じて、より豊かな団地暮らしを送ることができる。話はいきなり飛ぶがD、E地区に対しては、「集約」を止めてリニューアルへの事業変更が求められていることにもつながる。

6-3. 「社会型」文化活動

1 ｜ 香里の歴史を考える会の活動

（1）「考える会」の主旨
　香里団地には、「香里の歴史を考える会」（考える会）という、ユニークな文

化活動グループがあり、積極的に活動している。

　自分たちの住む地域を調査して学ぼうという姿勢はもちろん大事だ。だが、この「考える会」は歴史に興味があってとにかく学習しようというだけの集団ではない。この会の特徴は、現下の諸問題の解を探すには、歴史を学ぶことが大事で、そこに何か"カギやヒント"があるのではないかという思いをもっていることだ。かつ、学ぶことを基本にしながら、例えば、枚方市に対して保存や広報の要請も行い、「今後に、何らかの形で生かせないか」と具体的提案を模索しながら活動しているところにある。

　この会は、同時期の中央公園での市立美術館建設反対運動（前節参照）の中で、「建設計画を白紙に戻すための根拠が香里地域の歴史の中にあるのではないだろうか」「ならば歴史から探し出そうではないか」、という活動メンバーの思いが原点だ。その熱い思いと、香里団地で数十年にわたって、撮り集められた数多い写真など多くの資料を所持する福岡崇夫さん（現「考える会」代表）に、メンバーが出会って始まった。

　考える会の主旨について、「『香里の歴史を考える会』について（福岡崇夫）」を要約すると、

● 香里兵器廠遺跡の保存を願う市民有志により、2015年12月24日結成
● 学習範囲も、茄子作や交野市星田などの香里団地周辺地域も対象
● 香里兵器廠から香里団地の現在にいたる香里地域の歴史が、枚方市の重要な歴史・文化・教育遺産であることを基本に学び、活動する

とある。

　また、具体的には、定例会議・学習会を月2回（1回は定例会議、もう1回は学習会）もち、香里団地内外の戦争遺跡の調査・分析、学習、情報・資料収集、講演会などを実施し、しかるべき所管先に保存要請などを精力的に行っている。また、会員は団地内外居住の常時7〜8人であるが、香里団地外の類似グループなどとも連帯し、地道にかつ楽しく活動を展開している。

　香里地域をフィールドにしての活動内容は、

> **1** 香里団地建設以前では、主に香里兵器廠などの戦争遺跡の確認・保存
> **2** 香里団地60年の居住空間史から残すべきものの保存と暮らしの変容も調べる
> **3** 団地周辺でも数多く見られる戦争遺跡の保存

の3点だ。

　以下、「考える会」の有する記録・諸資料などをもとに実施されている活動をまとめた[注5]。

（2）「考える会」の活動

①団地建設以前の戦争遺跡

● 香里兵器廠の保存に向けての活動

　香里兵器廠については、第1章で述べたが、その保存を訴えることから「考える会」前の活動は始まった。まずは、以下のように、2015年12月7日に、かつて女子学生学徒動員の香里兵器廠での実態を、現場で経験した婦人たちの生の声を聴く学習会を開いた（30人参加）。

　テーマ：語り継ぐ香里の歴史──爆弾製造に動員された女学生と戦跡

　ねらい：戦前戦中の1940年代に香里兵器廠（正式には、東京第二陸軍造兵廠香里製造所）での火薬製造に多くの女学生（当時の泉尾高女、市岡高女、明浄高女）が動員された。森田康夫氏（樟蔭東女子短期大学名誉教授）の基調報告とその動員された女学生たちの経験談を聞いて学習する。

　森田氏の報告：明治以降、大阪市の京橋、森之宮、大阪城付近は陸軍砲兵工廠などや軍の司令部があり、軍事拠点であった。東京を東の、大阪を西の軍事拠点にする構想もあった。

　また、同時期京都の宇治で爆弾も作っていたが、戦争の拡大とともに、増産の必要が生じてきた。そこで目を付けたのが、京都と大阪を結ぶ枚方の禁野から香里にかけての丘陵地だ。そして、主に宇治で爆薬を作り、枚方で爆弾を製造するという分業体制となった。まず枚方の禁野に日清戦争（1894）時代、

注5　本項については、「考える会」の遠山勝博さんからのヒアリングと資料による。

爆弾製造所が作られた（そこでは1939年3月1日に大爆発が起こり、700名が死傷）。その後、軍備拡張とともに枚方香里ヶ丘にも火薬製造所が作られた。香里ヶ丘は適度に起伏があり、人里離れ、列車での原材料や製品の運搬も可能であった（図1-1 ▶ 29頁）。

　女学生の兵器廠での厳しい労働が語られた：例えば、当時15歳ほどの女学生であった4人の婦人たちから「敗戦1年前の1944年頃だったが、香里兵器廠では、12時間交代制・深夜勤務・泊り込み、そして家族にも連絡取らせず、秘密も強要され、気管支を痛めるなど体を壊す人も多かった」。一方では、女学生皆が軍国少女になりきり、空襲警報の中、「お国のために」学業をなげうっての危険な仕事をさせられた。

●枚方市長宛要望書と署名運動

　今でも、香里団地内には香里兵器廠関連遺構が数多くみられる。

　しかし、この60年間で香里団地は住宅建設や「建て替え」、民間のマンション・戸建てや生活関連施設の建設や建て替えにより、それらの遺構・遺跡が徐々に壊され消えつつある。

　このようなことから、「考える会」は枚方市長宛の要望書（東京第二陸軍造兵廠香里製造所の戦争遺跡保存と地域住民への啓発に関する要望）を提出し、署名運動を展開することにした（2016.1）。要望書の前文に、「香里製造所の戦争遺跡は、枚方市の歴史を物語る重要な文化遺産として保存すべきである。……千数百人の少女たちが危険かつ過酷な労働を強いられ、地域住民の広範な反対運動で工場の再開を許さなかったことなど、特筆すべき歴史が凝縮されている。……」と書かれている。

　「考える会」の具体的要望として、

1　現存する戦争遺跡を市の登録文化財に指定して保存すること

2　戦争遺跡脇に説明板を設置し、かつ資料・文献等の展示を行うこと

3　市の専門職員を増員し、関連の市民をボランティアスタッフとして位置づけること

の3点を提起している。

　また、1に関連して、「香里地区の戦争遺跡を『枚方市登録文化財』に登録し、保存を求める署名」の署名運動が取り組まれた。対する市からの回答は、「要旨の後世に残す意義はわかるが、文化財として、保存するのがいいのか判断できない」であった（2016.5）。また、ただし「保坂小児クリニック（建物はUR所有）について可能性はある。その場合、外観が残っていることが最低条件」とのことであった。その後、文化財課とも話し合いがもたれ（6月）、市議会での一般質問などにも取り上げられた。

　さらに、「考える会」として同年9月6日、上記の署名を追加し、総計1619筆を提出した。しかし、残念ながら、保坂小児クリニックの建物はすでに改築も行われ、当初の外観から変わっていることなどから、市は「建物保存は困難」と判断したという。

● 保存された妙見山煙突の学習ツアー

　保坂小児クリニックの建物保存は困難となったが、同じ香里兵器廠遺跡の香里団地西端部（枚方市上下水道局妙見山配水池）に現存する煙突が戦争遺跡として保存されている。（写真6-3）

　2016年3月、「香里ヶ丘に残る戦争遺跡を巡るツアー」の一環として、考える会は市職員の案内で、香里兵器廠工場の工作物である煙突の遺跡見学会を実施した（煙突山フィールドワーク、20人参加）。かつて、この煙突は市議会で残すべきと決議されたことで存置された（1984）。市民だけでなく市会議員の多くが動き、市がその必要性を認めれば保存が実現することが証明された。

　今では、香里団地のシンボルの1つとなっている。

　また、枚方市は、1982年、北牧市長時代に非核平和都市宣言を行った背景があり、本件に関して1984年に、「煙突に寄せて平和を誓う」という、宣言文を出している。当時の枚方市政の頃は、平和を求め反戦の立場がうかがえる時代でもあった。

● 香里小学校の戦争遺跡の保存運動

　当時の枚方町（現枚方市）は、国宛に香里兵器廠の敷地と建物の払い下げを申請し、1946年、香里国民学校（現香里小学校）を開校させた。以降、70年以上の歴史がある（第1章1-1）。

　2018年8月、校舎増築予定地から、兵器廠関連建物と推定される長さ
14.5m、高さ4m、幅6.2m、かつ厚さ40cmもあるコンクリート製構築物が
埋まっているのが見つかった。考える会としては戦争遺跡であり保存を文化財
課に要請したが、2018年末から2019年の初めに、建物の調査もされずいつ
の間にか、埋め戻されてしまった。

　②香里団地内の建物保存

　香里団地も建設後、入居が始まって60年が経過し、再生の時代になってい
る。後半「団地再生」時代になり、かつての団地の風景がなくなりつつある。
このような団地の変容に対し、これでいいのか？　残すべきものは何で、どう
やって残すのかと考える会も議論をして、関連資料を収集し、講演会などを開
いている。

●スター型住棟の保存

　筆者は考える会の要請で、「どうする？　香里団地、暮らしの文化継承・創成」
および「D地区スター型住棟保存の意義について」講演し、懇談した（香里団
地南部生涯学習市民センター、2016年9月と12月）。

　9月2日：講演タイトルは「URの再生政策と香里団地の『建て替え』の現
状について」で、問題点を挙げた（16人参加）。

　暮らしの文化をつくる観点から、現状は「建て替え」が進んではいるが、中
低層大規模団地空間のよさを継承することが大事であり、そのことにより、こ
れまでの団地暮らしが継続し、文化も継承されることを訴えた。具体的には、
団地再生の方法は「建て替え」ではなくて、リノベーションあるいはリフォー
ムでの対応（合わせてリニューアル）が求められていることを強調した。

　A、B、C地区は残念ながら建て替えられ、D、Eの両地区は「集約」の事業
方向であるが、その方向を転換すべきと考える。また、全国的に、公団がこれ
まで建設してきた「スター型住棟」（スターハウス）の多くは除却されてきて
おり、香里団地でも然りである。現在では、D地区の「スター型」4棟のみになっ
た。この国民的な人気のある「スター型」を残すことは大いに意義があり、そ
のための運動をされたらいかがでしょうかと提案したと同時に、戦争遺跡でい
えば、香里兵器廠の団地内で唯一残る保坂小児クリニックの建物は、ぜひ残し

てほしいと訴えた。

　12月16日：9月の講演の続きとして、「スター型住棟を保存活用することの意義」について講演した（コラム10）。

●木原氏による「香里団地誕生と住民運動」講演

　木原康男氏（香里ヶ丘7丁目居住、「文化会議」の初期メンバー）による講演（2016年10月21日と11月18日の2回開催）。内容は、2回連続で家高憲三自伝「香里団地誕生と住民運動」からの抜粋や「朝日ジャーナル」（1963.9、1号）などを資料にしての「文化会議」の活動紹介だ。

　内容は次のようであった。

> ●香里ヶ丘文化会議結成のいきさつ、香里めざまし新聞の発行。会議メンバーは30人もいなかったが頑張り、団地内外で社会的なインパクトがあった。
> ●ピーコックがオープンしたが、商品の値段が高いので青空市場の運動が起こった。
> ●保育所、共同保育、病児保育などの取り組みを中心になって進めた。

　この講演の中に「文化会議」関連人物だけでなく、多くの賃貸住宅居住者も登場する。

　木原氏の独自の人間関係の多様性といった面もあろうが、文化会議の活動を巡って、いかに多数の賃貸住宅居住者が関係しているかよくわかる。また、当時、香里団地での暮らしを豊かなものにすることへの関心の高さがうかがえる。

③香里団地周辺戦争遺跡の保存と学習

●郷土史家からの示唆

　2016年2月12日、22日に、「茄子作周辺にみる戦争史跡──香里製造所ほか」のタイトルで、尾縄伊孝氏（茄子作居住の郷土史家、茄子作自治会機関紙編集担当）の講演による学習会（9人参加）。尾縄氏は、香里兵器廠の配置図やその中での戦争遺跡、茄子作地域の遺跡・史跡と保存について、熱く語った。

　22日は考える会と尾縄氏との意見交換が行われ、「市長先頭に、労組など香里地域ぐるみの反対運動で、1953年には火薬工場誘致が断念された。また、茄子作地域住民から香里団地建設過程をみると、保育、教育、医療などでの格

差が拡大し、新旧の住民間での相互交流を阻害した」という考えも示された。

　この指摘は重要だ。得てして、香里団地内の暮らしだけに目が行きやすいが、戦後すぐから団地の暮らしがどのように変わっていったか、団地空間と団地外の旧集落の格差はどうで、どうとらえ、どのように枚方市は対応したか（公団は団地を建設することに精いっぱいで周辺のことは考えられていない）等を調査し研究することは、今後を考えるうえでも重要だ。

● 市職員の協力

　2017年2月、南部生涯学習市民センター職員T氏から、「戦争遺跡の調べ方（文献資料編）」という、レクチャーがあった。

　T氏からは「この30年ほどで、枚方市内と周辺での戦争遺跡や近現代史への関心は高くなってきている。しかし、原始・古代から近世の遺跡は手厚く資料は記録化されるが、近現代史はまだ十分とはいえない」とのことであった。

　さらには、香里兵器廠についての資料のありかや調べ方についても懇切な説明があり、今後も会として有力な協力者を得たことになったようだ。

（3）「考える会」の意義

　「考える会」活動の主なものをみてきたが、その内容は多方面にわたり、会のメンバーも熱心に取り組んでいる。発足後5年程度しか経過していないが、以下のような意義を有していると思われる。

　①地域社会や居住空間の問題を解くには、まず歴史を学ぶ

　6-2で「枚方市立美術館建設反対」や「香里ヶ丘図書館『建て替え』問題」のことを述べた。例えば、この2つの問題を解くような場合でも、経済的側面や目先の利益だけで判断したり、少数の関係者の内々で短絡的に結論を出したり、あるいは力のある人の意向に沿って方向付けするという傾向がある。このような傾向は枚方市においてもそうであるが、世の中の風潮として近年強くなってきている。

　こうではなくて、「考える会」のメンバーは、「今の」課題を解くには、どんな時にでも、過去の関連する歴史を知り、歴史に耳を傾けて学んだうえで、広範な意見を聞きながら、客観的にみる必要がある、と考えている。

②「考える会」が枚方市から認知されつつある

「考える会」の活動は、地道にではあるが、着実にその範囲を広げ成長しつつある。香里団地内外の歴史を学び、後世に伝えるべき遺跡を残していくために、枚方市などにその要請をしていく、といった活動に取り組んでいる。この5年間での活動と交渉の積み重ねで、教育委員会、文化財課などからの「考える会」への評価が変わったという。

「考える会」の2017年4月の定例会報告では、「市が「考える会」を素人扱いから、対等の交渉相手としてみるようになった」旨の記載がある。遺跡の保存などは「考える会」独自ではできない。しかしながら自治体の担当部局だけでは、人員不足などからこれまた、ままにならない。今後とも担当部局と「協働」しながら進めることも大事だ。

2 ｜ 「香里めざまし新聞」の復刻

(1) 復刻の意義

2017年5月に「香里めざまし新聞」（めざまし新聞）の復刻版が1冊の本として完成した。めざまし新聞は第3章3-1で述べたが、香里ヶ丘文化会議（文化会議）の機関紙だ。

戸建て分譲住宅に60年住む文化会議の数少ない初期メンバーのひとり、木原康男氏が事務局長の「香里めざまし新聞を復刻する会」（木原氏含め10名）の編集による。1960年9月の初刊から、1971年8月109号終刊まで、ほぼ網羅されている。また、その継続紙として「ひらかた　住民のとも」が1971年10月の創刊から、1973年5月20号分までが一緒に合体・製本されている。

この復刻版には、「香里前半」の中でも初期の頃、コミュニティ活動に熱心に取り組んだ方々を中心に、25人ほどがめざまし新聞にかかわる想い出を巻頭に述べている。めざまし新聞の香里団地での役割を改めて彷彿させる内容になっている。

当時の"東洋一のニュータウン"香里団地に華々しい活動を展開した文化会議が、第3章3-2で述べたような保育所開設運動をはじめとして、団地暮らし

を豊かにする多様な文化活動を展開した。その動向を伝え、広げ、読者から意見を聞き、それらを記録するという大きな役割を果たしたのがめざまし新聞であった。その復刻版を45年後に制作し、様々に活用できるようになり、かつそれを後世にも伝えることができた意義は大きい。

(2)「文化活動」と「民主主義」

　ところで、復刻版の編集後記に、黒田昌子氏（第3章3-3）が面白いことを書いている。

　それによると「毎号の香里めざまし新聞のサブタイトルは『コンクリートの壁をこえて生活の向上を目指す文化活動を』となっているが、この復刻版のタイトルを『コンクリートの壁をこえて地域に民主主義を』とした」としている。

　そのあとに続けて、「香里ヶ丘文化会議は、様々な文化行事や講演会、研究会を催したが、文化会議の名が世間に知られるようになったのは、保育所づくり運動とこれを報道しためざまし新聞であった。この一連の住民運動は暮らしの必要にせまられて、政治の場に運動を展開するようになったのだが、それは枚方市政を市民本位なものに転換させる契機ともなった。……故諸田達男氏は『香里団地の保育所から幼稚園へと発展した一連の運動は、地域に民主主義を根付かせる1つの典型をつくったと思う』という一文を残しておられる。」とも書かれている。

　黒田氏は、「これが『生活の向上を目指す文化活動を』を『地域に民主主義を』に変更した理由だ。」と述べている。黒田氏も諸田氏も文化会議の中心人物であり、文化会議が解散した後も、枚方市で香里団地で、暮らしをどう豊かにしていくか、文化や民主主義をどう定着させるか骨を折って活動してきた人たちだ。それだけに言葉に含蓄がある。

　つまり、文化会議は活動の意義を、その機関紙にスローガンとして常に載せて、香里団地での暮らしを豊かにするための文化活動であることを団地居住者にアピールしてきた。その文化会議による公立保育所等々の開設運動が、年月とともに徐々に文化だけでなく、地域に民主主義を根付かせる、いわば市民自らによる「草の根民主主義」の活動になっていった。この諸田氏の一文をみて

黒田氏が感動し、復刻版には「地域に民主主義を」がふさわしく、タイトルにしたということだろう。

　このように考えると、上記復刻版巻頭のメッセージの中で、和田悠氏（立教大教授）の次のメッセージの意味がより理解できる。

　「現在という時代を問い、未来を切り拓く市民的営為としての復刻」と題して、「……今回の復刻を企画し、その実現を図ったのは『めざまし新聞』終刊後も香里団地に住み続け、現在では『エントツ山九条の会』をはじめ地域の平和運動に取り組んでおられる草の根の市民一人ひとりであった事実が私には価値あることに思えます。1960年代以降に展開する市民運動は、知識人による啓蒙の段階を脱し、市民が自らの手で地域社会を創ろうとする試みであったことをここでは強調しておきたいと思います。」とある。

3 ｜ 「こどもと本」香里ヶ丘市民学級の活動

　香里団地では、述べたが1960年頃の初期入居以来伝統的に、「本」への志向つまり読書や読書サークルや図書館開設の要望が高い。読書会も数多く開催されてきた。例えば、社会教育活動や婦人学級分野で活躍し多大な実績を残した由里洋子氏も、1961年に香里団地に来住し、すぐに香里団地の読書会に入っている（文献3）。

　このような香里団地の読書文化の流れを受け継いでいるグループの1つが、この「『こどもと本』香里ヶ丘市民学級」だ^{（注6）}。

　「『こどもと本』香里ヶ丘市民学級」のルーツは1983年ということなので、もう37年にもなる。この間、市も積極的だった委託制度の「婦人学級」が「市民学級」と名を変え、かつ、2006年にはその「市民学級」も廃止され、委託金もなくなった。2000年（平成12）あたりから枚方市政が「革新」から「行政改革」路線に大きくギアチェンジし、福祉や文化活動には市の予算を削るようになった。以降、この会も、自主運営の道を歩くことを余儀なくされた。

注6　本項については、「『こどもと本』香里ヶ丘市民学級」の西原牧子さんたちからのヒアリングと資料による。

「平成15年度『こどもと本』香里ヶ丘市民学級」No.20（20周年記念号）、巻頭の「20周年を迎えて」で、その20年間の変化を次の4点のように記している。

1　参加者が香里ヶ丘地区中心から、枚方市内全域に広がった。
2　活動を支える市の委託金がなくなり、自主運営資金のみの活動になった。
3　香里ヶ丘図書館のホールとロッカーの閉鎖で活動拠点が消失した。
4　保育利用の方が減少した。

　自主運営化せざるを得ないが、市の社会教育制度としての市民学級の「趣旨」は引き継ぐことにして、「市民学級の7つの原則」（自発性、自主、民主、公開、学習中心、自立、非営利・非政党・非宗教）の趣旨は生かすことになった。固いイメージかもしれないが、大変重要な組織原則だし、委託金が削減された厳しい財政の中で、"火だけは絶やさない"という、このような歴史や原則を継承するということは立派だ。
　発足から、37年を越えたが、「子どもにいい本を手渡したい、いい本ってどんな本」そして「魅力いっぱいの子どもの本に出会い、いっしょに楽しみましょう！」の精神は脈々と受け継がれている。

　この文化サークル活動はさらに進み、着実に枚方市全域に、そして、近隣の市や県にも広がりつつある。絵本作家、研究者や大学の先生などの講演会や自主的な学習会には、数十人前後の参加があるとのこと。
　ただ、参加者の年齢層が上がり、上記4の保育利用もとっくになくなってしまっている。一方、かつてほどではないが、子育て層の若い母親も働く人が増え、家事・育児も含め多忙化している。学習会などへの参加は減少気味だ。これには、香里団地だけでなく、周辺の居住者も高齢化、家族人数の少数化が進み、若年層が少なくなってきている事情が背景にある。その代わり、例えば、祖父母世代が孫に絵本を手渡すために、学習会に来るようになったことも、時代・世代を超えて絵本の重要性が受け継がれていることの証左でもある。

　幅広い教養や常識を身に着けさせることは大人の子どもへの教育義務だし、そのためにも未来を担う子どもたちにいい本を与えることは大事だ。筆者も振り返れば、子どもの頃読んだ本は人生の大きな糧になっている。もっと多方面の本を多く読んでおけば、もっと幅広い精神世界に生きていたのではなかろうか、とつくづく思う。

　「こどもと本」香里ヶ丘市民学級に対しても、自治体などからの制度や財政的支援は増やすことはあっても減らすような話ではない。

4　エントツ山九条の会の活動

　周知のように、全国組織の「九条の会」は、日本国憲法を「改正」しようという動きに対して、作家の大江健三郎氏など文化・知識人9名が呼びかけ、2004年に結成された。この15年で全国に広がり、各地で7500もの「九条の会」グループが発足している。そのうちの1つが「エントツ山九条の会」だ。

　第1章1-2で述べたように、香里団地の開発前は、東京第二陸軍造兵廠香里製造所で戦時中は日本一の火薬製造所であった。戦後も国際情勢の影響もあって民間企業が火薬や兵器の製造工場を開設するという動きもあった。しかしながら、市民の反対運動により枚方市もこれに反対し、結果、平和な土地利用として、住宅団地として開発されることになった。このような歴史を踏まえ、「なにより平和が大事であり、憲法でも特に『九条』は変えるわけにはいかないと、思想・信条、政党支持の違いを超えて力を合わせよう」と、香里団地でも「エントツ山九条の会」が結成された。

　設立は、2006年の3月と、全国組織の「九条の会」が2004年発足であり結構早い。呼びかけ人は35人で、香里団地外も含む第四中学校と東香里中学校の両学区を中心に発足した。会の名前の「エントツ山」はユニークだ。団地西端の妙見山にある戦前の香里兵器廠の工場排煙設備エントツが市民の運動により残されているが、そのシンボリックな遺跡を会の名称に使ったというわけだ。（写真6-3）

　九条の会の活動は、憲法や平和問題に詳しい先生の講演会を開催して学習し、あるいは枚方在住の音楽関係アーティストを呼んで演奏会をやったりしている。また、全国的な関連集会などへの参加呼びかけや、枚方市の九条の会の活動のお知らせ、そして会員の声などを載せた会報を350人ほどの会員に月1回配布している。その会報も2020年3月に151号を迎えた。

写真6-3　香里兵器廠の工場排煙設備エントツ（2020）

　発起人代表の木原康男氏は90歳近いが意気軒昂。代表を含め35人の発起人のうち7～8人が、香里ヶ丘文化会議の元メンバーだ。60年ほど前、若い頃「文化会議」で活躍した人が、直にその"DNA"を引き継いで活動している。

　香里団地でもどんなコミュニティ活動を展開するにしても、豊かな団地暮らしを送るには、まずは戦争のない平和な社会の構築と維持が一番大事であることは、論を待たない。憲法九条の存在はその最大の保障だ。

5　団地写真の展示会

（1）写真集

　手元に、写真集『香里団地60年の風景』（発行者：「香里団地60年の風景」フォト・プロジェクト、発行日：2018年4月1日）がある。香里団地の賃貸住宅に住み続ける福岡崇夫さんが発行者代表だ。

　福岡さんが、香里団地入居の1960年から60年間撮り続けてきた3,600枚もの写真の中から選んだそうだ（本書掲載の写真はごく最近の分以外は、すべて福岡さんの撮影による）。いわば、ファインダーから覗いた香里団地の「定点観測写真」であり貴重だ。福岡さんは出版にあたり、「本写真集は、市民が地域の記録写真として自らの住む地域を振り返るきっかけになればと、また子ども達が香里地域に目を向け、その移りかわりを考える学習教材になればと願い

ます。」としている。

（2）展示会

福岡さんは、香里団地の膨大な写真を積極的に公開している。その1つが折に触れての写真展示会だ。

例えば、上記写真集の発行直前の2018年2月に、3月から「建て替え」で閉鎖になる市立香里ヶ丘図書館で写真展「香里ヶ丘が歩んだ戦争と平和」が開かれた。正しく、開発前は戦争を荷っていた場所が、平和の象徴といってもよい住宅団地に転換したわけだ。写真集を見ると、戦争の足跡が数多く見られる。

その展示会は、375人の入場者があったそうだ。うち、半分近くが香里団地内からであるが、過半は市内など外部からで、枚方市以外からも十数％の人が来場している。また、参加者について年齢層でみると、70歳以上が3割で、全般的に中高年層が目立つ、という。

会場でのアンケートには、以下のような感想がみられた。

- 香里団地が以前陸軍の火薬製造などの施設であったことは知らなかった
- 昔の香里団地の風景に接して、興味深く、懐かしい、感無量だ
- 香里団地の歴史が知れて、来てよかった
- なつかしい想い出がいっぱいでした。貴重な資料は大切に。また見られる機会がもてますように……

特に、回答者の多くが陸軍の施設であったことを語っているのが特徴だ。多くの人が香里の歴史を知らない。写真は無言であるが、切り取った風景は見る人に感動を与える。インパクトは強い。

［参考文献］
1）香里ヶ丘中央公園見守り隊「見守り活動1年を迎えて～市民無視の美術館を白紙に戻し、再検討させ、中央公園を守る活動～」2015.10
2）木村雅行「香里ヶ丘の植物―残したい街中の自然環境」香里ヶ丘植物研究会、2017.1
3）社会教育推進全国協議会関西ネットワーク「わたしの自己形成史　遺稿・追悼集」2018.6

10 コラム　D地区スター型（星型）住棟4棟の文化的活用

　URの「赤羽台団地」（東京都北区）の「スター型」住棟3棟が、日本建築学会の後押しもあって登録有形文化財に指定された（2019年7月）。団地内の住棟が登録有形文化財に指定されるのは初めてであるが、博物館的な活用もあると仄聞する。

　また、朝日新聞の2020年7月25日号夕刊に、紙面半分ほどものスペースを割いて「後世に伝える集合住宅の星」として、赤羽台のスターハウスの写真入り記事（いいね！探訪記）がある。

　他のUR団地スター型住棟リニューアル事例として、東京久留米市の「ひばりが丘団地」で団地管理事務所、大阪では藤井寺市の「サンバリエ春日丘」で給水施設として活用されている。

　今や「スター型」住棟は数少なくなった。

　保存の意義としては、昔の住棟はほとんどが「マッチ箱」あるいは「羊羹」の形状をしているが、形がユニークであるだけに、景観上ポイントとなる。民間事業では、このスター型中層住棟のような工事費のかかる賃貸住宅建設はおろか、"手離れの良い"分譲マンションでもなかなかできるものではない。公団のような公的主体であるからこそ、一時期であったとはいえ建設できたことを理解してもらう上からも重要だ。

　香里団地D地区で現地にてリニューアル存置活用するには、その方策を考え、まずは団地の居住者が「ぜひ残す」という意志固めが不可欠。その上で、香里団地の各地区自治会がまとまり、UR、市民、枚方市、学者・専門家・研究者、マスコミ等を大きく巻き込んでいくことが求められる。

　"西の代表"として記念碑的意味も大きい香里団地D地区内4棟を、何らかの形で存置し活用を具体化するべきである。（写真6-4、図5-4）

写真6-4　D地区星形住棟群、遠くに"エントツ"（写真6-3）が見える（2020）

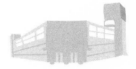

第7章

さらに豊かな
香里団地暮らしへ
──まとめと提案

7-1. 全体のまとめ

　本書の「香里前半」では、居住者の暮らしからみて、URによる香里団地住宅建設での積極的側面と問題点（第1章）および第2章では自治会活動と第3章では文化活動の双方が全国的にも群を抜いていたその内容をみた。枚方革新市政や公団の公的立場を背景に、香里団地でのコミュニティ活動は居住者の暮らしを前に進めてきたことを述べた。

　しかしながら「香里後半」になると、その様相が大きく変わった。日本全体で新自由主義政策が席巻し、公的住宅政策も大縮減し、それに応じてURも民営化の荒波の中で、主要な住宅建設手法となった「建て替え」を中心にした「団地再生」が登場した。その内容は、第4章でURの「団地再生」や香里団地の再生MPにみられる問題点を指摘した。第5章では居住者・自治会の活動や「団地再生」への要求・思いを調査し分析した。香里団地の居住環境の良さや住み続けへの願いが語られた。第6章では、前半の「文化会議」などの活動を継承しながら、地道に文化活動が進められている実態を8つのグループ活動を通じてみてきた。

　このような作業の中から、団地暮らしの4つの基本要件である「安全・快適・安心・文化」の中で、大きくは前二者については、UR団地、特に香里団地でもほぼ満たされていることを確認した。

　そして、これからの重要課題は「安心」および「文化」であり、まず「安心」の居住実現のためには、家賃、住み続け、居住福祉の前進の3点がポイントであることを述べた。

　そして、その「安心」の実現に向けて大事なのは、居住者が声を上げ・学習し、自治会がまとまり、URや自治体に対して要求の実現のための運動を進めることである。第2章と第5章で述べたが、活発な団地の居住者や自治会の活動によって、要求が前進・実現していったことは、本書掲載の事例ばかりだけでなく、過去全国での幾多の事例・経験が物語っている。特に、1986年以降の「団地再生」に関する関東圏でのいくつかの団地では、「建て替え」において自治会活動によってUR、自治体とも協働することで要求が前進している（序章2008、補章）。

　また、「文化」については、香里初期の「香里ヶ丘文化会議」の活動は、戦後の社会・経済を背景に、枚方市の革新性・URの公共性や居住者の文化的階層性を基本にして、マスメディアにも取り上げられるなどにより、全国的にも先進性をもった活動を展開できたことを述べた（第3章）。そして、それらの成果は最近の10年間での「環境型」と「社会型」の2つの型の文化活動の流れとなって継承されている（第6章）。

7-2. コミュニティ活動の60年

1 ｜ 後半まとまれなかった自治会活動

（1）活発な自治会の日常的活動

　香香里団地の自治会は第2章と第5章で述べたが、60年間、多彩に展開し特

に初期には大いに盛り上がった。今日までの活動概要を表7-1にまとめている。香里団地の多彩な取り組みや参加人数の多さなどのパワーに圧倒され、マスコミからは"日本一の自治会"とも称された。

　このような取り組みは時間経過とともに、縮小・後退したが、部分的には姿を変えながらも続いているものも少なくない。各地区別に自治会活動が分裂した1960年代後半以降も、日常的な課題の活動は、熱心に取り組まれてきている。かつ、団地全体にかかわる課題については、その都度、課題ごとに6地区で集まりまとまっている。

（2）「団地再生」でまとまれなかった

　香里団地では、1989年「シンポジウム」のあと、各地区の枠を超えて対策委員会を結成し、6〜7年間は（1997年委員長辞任まで）様々な「建て替え」対策の活動をしており、一時期はまとまったかにみえた。しかし残念ながらその後はうまくいかず、結局はURの事業ペースで進んでいった。振り返ると、「香里後半」の自治会活動の最大課題が「団地再生」であったはずなのだが、初期の頃の自治会と違ってまとまりきれなかった。関東圏の事例などをみてもそうであるが、香里団地全体で単一の自治会として、統一した闘いにならなかったことが、結局は居住者にとって決して好ましいとは言えない「団地再生」となってしまった。

　一方、UR「団地再生」での「建て替え」「集約」によるコミュニティ崩壊の影響は大きい。

　「建て替え」により居住者のかなりの部分が団地を去っていかざるを得なかった。また、戻り入居者でも、建て替え前の近隣友人、知人そして周辺居住者とはお互いバラバラになり、数十年にわたり紡ぎあげられてきた"つながりや絆"が切れてしまった。再建するには、少なくとも同じだけの時間とエネルギーがいる。

　この結果、団地での居住者間の人間関係も切れ、"居住空間を整備・改善しよう"とか、"何か文化的なサークルをつくろう"とかの意識が削がれてしまっ

表7-1　香里団地地自治会活動60年

前半（1958 〜 1988）		後半（1989 〜）	
・1959 〜 6505（香里団地自治会）「日本一の自治会」。堅固な組織、居住者の親睦・利益・文化向上（会則）コンサートや夏祭数千人規模、京阪特急停車、敬老会、文化会館等多彩・1965 〜 1988（地区別自治会）6地区共通の家賃値上げ反対や夏祭りなどのテーマでは、団地一丸で継続各地区自治会独自に、URとの話し合いや日常的・定期的活動と多様な活動を展開		・1989 〜（地域別自治会）建て替えに関して、シンポ「好きやねん香里団地」「団地建て替え対策委員会」設置（1989）6地区自治会は断続的に集まり、共通テーマは取り組む（家賃高額化反対、住み続け要求、夏祭りなどの行事・イベント）・地区別活動日常的な自治会活動は地区別に、URとの話し合い、あるいは協働	
5908	香里団地自治会結成	8904	「すきやねん香里団地」シンポ
6105	香里団地自治会新聞発刊	8908	団地建替対策委員会設置
6105	京阪特急枚方市へ停車要請	9003	公団、市へ建て替え要望書（署名6,000筆）
6409	敬老会	9106	6地区で加入率4~5割
6504	香里総団地自治会新聞廃刊	9202	住民総決起集会（300人・住み続けと家賃値上げ反対）
6505	団地自治会解散、地区別自治会	9205	子ども会解散
6505	香里団地新聞発刊	9604	A・E地区6地区会を脱会、原田氏建替対策委会長辞任表明
6706	地区連絡協（賃、分譲地、社宅）	9807	夏祭り（5,600人）
6706	牛乳値上げ反対	9910	みずき街自治会結成
6708	第1回夏祭り（以降毎年数千人参加・今日まで継続）	0110	けやき東街自治会結成
7110	家賃値上げ反対関西集会参加	0801	香陽地区、団地削減反対行動
7110	ボーリング場開設反対	0812	E地区住み続けたい会
7206	香陽地区参加し6地区会へ	1309	E地区自治会再建
74	C地区互楽会（建替頃まで継続）	1401	さくらぎの街自治会発足
7207	テニスコートの駐車場化反対	1709	D・香陽地区住まいアンケート
7508	D・E地区6地区会から脱退	1710	香陽地区EV設置・屋外整備
7607	6地区会長「区長制は不要だ」	1808	京阪タイムリー（香里団地新聞）廃刊
7705	C地区互楽会で文化講演会		
7803	6地区会値上反対署名（12,000筆）		
7907	6地区会長座談会（自治会離れ深刻化、夏祭りは自治会共催で）		
8806	地区協（賃分、社宅、分宅全体）解散、家賃値上反対の6地区会		
8808	入居30周年夏祭り		

・新聞（自治会、めざまし、団地の3紙）記事から抜粋しており日付は掲載時（巻末の年表参照）

た。「建て替え」後に新たな若い層が来住してきているが、一朝一夕には団地のコミュニティに入りこめない。「建て替え」後の家賃も高く、「香里団地を良しとして、新規に来住しても早い時期に退去する」と、団地の多くの居住者から耳にした（第5章）。自治会の活動に大きな影響を与え、支障を来たしている。

(3)「安心」の実現が課題

　紆余曲折を経て、この60年間、香里団地の各地区自治会が現在でも継承されていることは、貴重だ。ただ、前記のような日常的な活動はできても、家賃、住み続け、居住福祉の「安心」にかかわる問題や「団地再生」などの政策に関わってくる問題は、団地で1つの自治会にまとまることが極めて重要であり、そうでないとURとの話し合いも進まない。これは最も重要な問題として各自治会に常に問われている。

2 ｜ 文化活動の60年

(1) 香里前半（1958 ～ 1988）

　「香里前半」の文化活動では、「香里ヶ丘文化会議」の役割が大きい（表7-2）。
　文化会議は、豊かな団地暮らしをめざし、団地に暮らしの文化を定着させるべく、「コンクリートの壁を越えて生活の向上を目指す文化運動を」とのスローガンで登場した。よく知られているように、文化会議は公的保育所等の開設に奔走して、居住者・市民の協働でつくり上げたことで、自治会の活躍同様、全国的に有名だ。
　残念なことに1960年から約10年間で文化会議の活動は終わった。やるべきことはやったということもあろうし、リーダー・役員たちが、香里団地から引っ越して、香里団地にいなくなったことで決定的となった。課題を解決するには強烈にエネルギーを注ぐが、成果が出れば解散するという、規約や会則のない「市民運動」の限界でもあった。

(2) 近年の文化活動

　「文化会議」が解散してからの30年間は、自治会や自治会婦人部、新婦人、

表7-2　香里団地文化活動60年

前半（1958〜1988）		後半（1989〜）	
・香里ヶ丘文化会議（1960〜70頃）「環境型」文化活動：保育所等の開設、青空市場の開設、等の暮らしを豊かにする「社会型」文化活動：外部講師による学習会・読書会・講演会、子どもへの文化的教育・文化会議以外（1958〜1988）環境整備文化活動：幼稚園増設、保育所運動の継承、図書館開設、社会的文化活動：子ども会、おやこ劇場		・活動の動向香里団地の初期からの"DNA"の継承活動への団地内だけでなく外からも参加・支援「環境型」文化活動：団地の環境を破壊させない、決定の手続きの民主主義「社会型」文化活動：平和を考え、歴史を引き継ぎ、子どもの文化を大事に、コミュニティを大事にする	
6009	香里ヶ丘文化会議発足	0201	枚方いきもの調査会
6009	香里めざまし新聞発刊	0603	エントツ山九条の会結成
6010	松田道雄氏講演「団地の育児問題」	1211	団地で植物調査（4年間）
6105	共同保育所開設	1303	O氏、市に美術館建設申し入れ
6105	青空市場開設	1406	香里ヶ丘中央公園見守り隊結成
6108	子どもフェスティバル	1512	香里の歴史を考える会結成
6207	団地保育所開設	1612	美術館条例廃止
6209	同、乳児保育始まる	1612	香里ヶ丘図書館見守る会結成
6401	松田道雄氏「学保の意義」講演	1705	香里めざまし新聞を復刻する会
6404	学童保育開設（個人宅）	1804	写真集・香里団地の60年の風景
6601	私立幼稚園新設を進める会		
6604	五常小に学童保育開設		
6606	ベトナム反戦の講演会		
6608	盆踊り4,000人		
6711	朝市3,000人		
6904	病児保育開設（保坂）小児科		
7012	座談会「文化会議10年を顧みて」		
7108	香里めざまし新聞休刊		
7110	「ひらかた住民のとも」発刊		
7203	おやこ劇場発足		
7305	「ひらかた住民のとも」廃刊		
7404	不用品交換会(2万5千人・団地外含む)		
8005	枚方おやこ劇場（2,700人）		
8001	囲碁同好会20年（100を超えるサークルの中で最老舗）		
8309	戦争展		
83	「こどもと本」香里ヶ丘市民学級結成		

・新聞（自治会、めざまし、団地の3紙）記事から抜粋しており日付は掲載時（巻末の年表参照）
・最近の10年間は、各グループからのヒアリングによる

婦民クラブ、ボランティアなどの主婦層をはじめ、多種多様なサークルやグループが、多岐にわたり個別にその活動を引き継いでいる。

　2000年頃からは、団地での暮らしを豊かなものにしていくために、文化活動では居住環境を守り環境整改善を進める（＝環境型文化活動）、および団地社会をもっと考えてみよう、居住者間での交流をもっと深めようという（＝社会型文化活動）の動きも出てきた。そのような中から情報収集可能な範囲で、8つの自主的な活動をピックアップした。

　これらの各グループ共通の特徴は、

1　組織構成者の多くは高齢者
2　何割かは団地外からの参加者が占める
3　「文化会議」の活動を知っている
4　自治会役員も含まれる

などがある。

　前述のように、「建て替え」などの「団地再生」により、バラバラになったコミュニティであるが、その状況下でも地道な活動が展開されている。

　そして、特徴的なことは文化会議の活動を受け継ぎながら、かつ団地外にも目を向け、団地の境界を越えて広がりを見せていることだ。

7-3. コミュニティ活動への提案

1 ｜ 香里団地の自治会活動のテーマ

（1）UR団地自治会最大テーマは「安心」の実現

① 「安全」と「快適」の保持へ活動

　URで民営化がどんどん進んでいく中で、コスト削減が優先され、民間的な経営がより貫徹されていくと、つい安全性も快適性もおろそかになりがちだ。居住者・自治会だけでなく市民も含め、住宅の管理・改善だけでなく再生・活性化事業についても、URとの日常的な話し合いや要求活動が不可欠だ。

②「安心」の実現は最大課題

　「安心」に関わる3点は、この30年をみても未解決なだけに難問である。解決するのには国の政策変更も必要であり、そのためには大きなエネルギーが必要とされる。その部分を担わなければならず、かつ当事者たる居住者・自治会の引き続き大事な仕事である。

● 支払い可能な家賃であるか

　序章でも述べたが、家賃の問題は居住者にとって、安心して住み続けるうえで一番の問題だ。家賃は、全国的な課題でもあり、過去自治会も全国自治協などと共に闘い、「建て替え」時の優遇や公営住宅併設、高優賃、サ高住、その他多様な施策でわずかだが家賃の引き下げは実現した。しかし、とても十分とは言えず、引き下げは喫緊の課題だ。再生機構法第25条4項も使うなどして、UR居住者誰でもが支払いできるように政策的に決めなければならない。

　長い家賃の値上げ反対の全国的な運動での成果として、1985年に自治協とURとの話し合いの場が実現できたことは大きな意義がある。以降、家賃以外の管理問題もテーマにかつ各地方の自治会でも両者の話し合いの場が設定され、今に至っている。また、これまでもそうであったが、自治会が中心になって、全国自治協などと共闘しながら家賃の引き下げを主張し続け、広範な市民の支持を得ることが不可欠だ。

● 住み続けができるか

　住み続けについては、「はじめに」で、安東氏著の『海を撃つ』から教訓を得たことを述べた。

　原発事故とは異なるものの、URの「団地再生」において、居住者が住み続けられるように、話をよく聞き彼らに寄り添うことが、なぜできないのか。リニューアルで「団地再生」を進め、ストックの「活用・再生」においても、希望すれば誰でも住み続けできることを実現すべきだ。

　また、第5章で香里団地地区ごとに居住者の声を事例的に紹介したが、数多くの居住者が団地の住み心地の良さを高く評価し、心から住み続けを願っている。このことは他の団地もほぼ同様。「思い」はいくらあっても、それを口に出し、同じ思いの居住者がまとまり自治会として、URに対して粘り強く主

張・運動していかなければ、実現するものではない。

● 高齢者等への居住福祉をどう充実させるか

　自治体や国による居住福祉政策の強化が待ったなしの状態であり、実態は極めて深刻であることを物語っている。第5章5-3にも述べたように、「将来要介護になって入居できる施設がなく不安だ」の声は極めて多い。居住者にとってUR団地に安心して、それこそ最後まで住み続けができるかどうか、切実だ。

　一方、近年URが全国的に「地域医療福祉拠点」の整備を進めていることは評価できる。問題は費用負担や制度だ。居住者がいつでも誰でもが入居・利用できて、ソフトも含めた施設整備が待ったなしの状態だ。また、若年層はUR団地の良さを評価して来住しても家賃が上がると出ていく。子育ての若年家族層も家賃の高額化に加えて、保育所・幼稚園不足、子育てサークル、近隣との付き合いなどで悩んでいる。安心して住み続けできない。自治会も積極的に、URや自治体と協働で粘り強く話し合いを行い、これらの問題を取り組んでいくことが重要だ。

（2）自治会活動当面の課題
①団地自治会としてまとまって「集約」事業の廃止へ

　香里団地独自の当面の課題は、D、E地区での「集約」事業をストップさせることだ。これは、困難であるが、やってやれないわけではない。そのためにも、香里団地の6地区自治会がまとまり、1つの自治会として活動することが大前提になる。

　もちろん、これだけでもすんなりいくわけではないが、これができればD、E両地区での「集約」問題も議題にのぼり、中止へ大きくURを動かすことができる。

　もし、香里団地で自治会が1つになるならば、本書で述べた東京での自治会の経験（常盤平、多摩平の森、武蔵野緑町PT、等）や香里団地での60年間のコミュニティ活動の経験からすれば、今からでも「集約」のストップは十分可能だ。

② URとの協働

一方では、URとは敵対的になるのではなく、協働することも大事だ。

URのHPなどをみると、全国の団地で多様に、自治会、居住者、NPO、大学等がURとコラボを進めている。現に、香里団地でも香陽自治会では、D51棟とその周辺整備で、URなどとネットワークもつくっている。DやE地区では、集会所の改善でURと協働した経験をもっている。自治会とURのコラボは、かつてと違ってURも期待している面もある。自治会としての立場を堅持しながらも、お互いリスペクトし合いながら、柔軟にURとの協働を進めることが求められている。

③ 香里団地でも三者協働を

次章補章で、東京都日野市にある公団団地「多摩平の森」の三者協働の歴史を述べている。豊かな団地暮らしをつくり上げるには、居住者、自治会、枚方市の協働が不可欠だ。この三者の協議をつくり上げることは、今すぐにとはいかないが、目指す目標としてのモデルが「多摩平の森」の自治会活動にある。

また、香里団地は、「地域医療福祉拠点」の指定されているわけで、これなど、自治会が積極的に取り組む課題としては、やりがいのある事業ではなかろうか。進めるとなると、当然URだけでなく、枚方市との協働への展開が不可欠になる。自治会が中心になって取り組んでいく方向を目指すべきだろう。

2 ｜ 豊かで多様な文化活動の展開

他方、豊かな団地暮らしを求める文化活動も一層重要になる。

経済的な格差や貧困があり、社会的な様々な問題を抱えていても、人々の居住地における文化への希求は時間とともに増大・多様化する。これまでの各地での居住の歴史をみていてそう思う。

香里団地でも、居住者側から、自らの興味や必要性から環境を改善し社会的なつながりをもった同好会やサークルがこれからも増えていくことであろう。居住する地域の歴史を知り、これからの団地や地域のあり方を話し合うこともある。団地の枠を超えて、共通の話題や人と人とのつながりあいを楽しむ文化的活動など、居住者側からの発想、アイデアを提起し、行動していくことが重

要ではなかろうか。これらの積極的な実践活動により豊かな団地暮らしが促進される。

　香里団地内には学生、単身者、子育て世代など若年層も少ないながらも居住している。述べた8つの文化活動あるいは"大昔"の「香里ヶ丘文化会議」などの活動も参考にしながら、引き継いでいく、新たな形での文化活動を興していく、といったようなことができないものだろうか。若年層も文化については、関心をもっていることも想像に難くない。なんといっても若年層はエネルギーがある。若年層も含め香里団地居住の個々人が文化サークル、文化グループをつくり運営し、豊かに団地暮らしを楽しんでいくというような文化活動が何かできないものだろうか。そのような動きが少しでも出てくれば、それらをURや枚方市が財政や制度的に協力・支援するという形にもなっていくものと思われる。

多摩平団地「三者勉強会」から学ぶもの

はじめに

三者勉強会

　URの30年余にわたる「団地再生」の中で、居住者・自治会が参加して進められた、自治会参加型「団地再生」プロジェクトがある。その中でも最先進の1つである「多摩平の森」（建て替え前は「多摩平団地」）を本補章で取り上げる。30年余の自治会活動は豊かな団地暮らしをつくっていくうえで、大いに参考になるからだ。

　「多摩平の森」自治会参加型「団地再生」の中核となったものは、あまり聞かないことばであるが、「三者勉強会」だ。「多摩平の森」の居住者・自治会による活動の中で、とりわけ自治会、UR、日野市から構成される「三者勉強会」は1996年に始まり、なんと四半世紀にも及び、今では「団地再生」の枠を超えて、周辺のまちづくりも視野に入れた「三者勉強会」として健在だ。この間、着実に居住者・市民の要求を実現する上で大きな力となってきていることは間違いない。

　香里団地に限らず、また、団地再生だけでなく、自治会の日常的活動やそれらを発展させたまちづくりにおいても、学ぶべきものが多い^(注1)。

多摩平団地の特色

「多摩平団地」は多摩丘陵の一角、東京都日野市にあり、JR中央線豊田駅が最寄り駅だ。

「建て替え」に伴う、東京都による埋蔵文化財遺跡調査から、縄文時代の住居遺跡が発見された。「山王上遺跡」だ。江戸時代は、北方に甲州街道があったものの、人は住まない荒涼たる台地であったという。

団地内に今もあるが、"多摩平の森"は1922年（大正11）宮内庁の御料林となり、戦後は林野庁の管轄からカナダ教会所有へ転換。その土地を含めた用地を公団が取得して団地開発・住宅建設を行った。公団は1955年区画整理事業に着手し、賃貸住宅の「多摩平団地」と分譲住宅、分譲宅地も供給した。

現在UR賃貸住宅団地は全国で、約1550団地（72万戸・2018年11月末）ほどあるが、一般には「○○団地」か、近年は、分譲マンションを思わせる、カタカナのハイカラな名前ばかりだ。多摩平団地には後述のように鬱蒼とした森があることで、とてもUR団地とは思えない「多摩平の森」という団地名になっている。居住者の提案で決まったそうだ。

香里団地とはよく似ている。

土地区画整理事業による開発事業もそうであるが、賃分併存団地で当初の入居が1958年という点も香里団地と同じだ。また、多摩平団地での初期には香里団地の「文化会議」と類似の「声なき声の会」「多摩平文化連盟」も結成されている（コラム5▶94頁）。また、その後の展開方向は大きく異なったが「建て替え」対策委員会も同時期に立ち上がっている。そして、両団地とも大規模でもあるが、市会議員も幾人か輩出したこともあわせ、空間的にも居住者の社会活動面でもよく似ている。

注1　「多摩平の森」の自治会長笹原武志氏からのヒアリングと同団地自治会ニュースを多用した。同自治会の活動詳細については、拙著の（序章2008）や（序章2012）を参照。

1. 多摩平団地の「建て替え」

1 | 関東圏での「建て替え」

　公団の「団地再生」は1986年「建て替え」から始まり、2007年末に公表された「方針」あたりまでは「建て替え」中心であった。その間、関西圏と違って関東圏は、居住者・自治会からの「建て替え」反対の運動が格段に進展した。

　「まだ住めるのに何故建て替えるのか」「建て替えたら家賃が上がって住めなくなる」「建て替えの正当事由はあるのか」、など基本的な問題を提起し居住者・自治会は公団に対して長期間にわたり多面的に闘った。しかし、その多くのケースで公団から裁判が起こされ、裁判所は公団の言い分通りで判決を出し、多くは居住者側が負けた（金町団地のような部分的勝訴の事例もあるが）。

　その過程で、主要には関東圏での「建て替え」の理不尽さに対する市民運動、自治会活動や裁判闘争などを通して、多くの居住者間の軋轢や不利益も生んだ。しかし、結果的には、居住者・自治会側は次のような2つの大きなものを勝ち取った。

　1つは、それ以前の家賃値上げ反対運動の歴史も踏まえ、「建て替え」後の特に高齢者の戻り入居家賃の減額を公団側に認めさせたことだ。年齢・所得や戻り住戸面積の制限があり、「住み続けられる家賃」には不十分な減額措置ではあるが一定の前進だった。公団の家賃は、住宅供給を全国で一律的に実施しているので、ある団地・ある住戸での家賃は即全国の同様の団地・住戸に影響する。この点で、関東圏だけでなく全国的意義も大きいことになる。

　もう1つ大事な成果は、公団をして裁判での決着にもち込ませずに、居住者・自治会が公団や自治体と粘り強く話し合いをして、公団の「建て替え」も一定程度認めつつ、居住者・自治会の要求をも実現しようとする、いわば居住者の"参加型"「建て替え」を編み出したことだ^(注2)。居住者・自治会がURと話し合いを粘り強く行えば、多様な参加が可能であるということが明白になっ

た。このことは、全国的にかつ将来に向けても意義が大きい。ところが、全国に拡がっていない。本来なら、全国自治協あたりが音頭を取って、全国の傘下の団地自治会に拡大すべきなのだが。

2 | 多摩平団地の「建て替え」

(1)「建て替え」前

賃貸住宅については、中低層2792戸（29ha）の大規模団地として、1958年10月から1960年9月にかけて管理開始された。2792戸の内訳は、低層870戸、中層3・4階1886戸、施設付き36戸であった。1987年「建て替え」対策委員会が発足して10年後、1997年（平成9）3月「建て替え」の着手となった。この間の、つまり三者勉強会立ち上げまでの、居住者・自治会、公団、日野市の三者での話し合い、学習会などの量と質は半端ではない（序章2008）。

(2)「建て替え」後

2008年3月30棟1528戸の中高層団地として「建て替え」られた（当初の予定は4,400戸）。戻り入居は、2002年3月、2005年3月、2008年5月であった（戻り入居率は70%と高い。その結果高齢者も多く、75歳以上が779名居住で内3分の1一程度が一人暮らし。自治会ニュース2013年4月18日・9月19日号から）。また、この多摩平団地では実現したが"住み続けの保障"という意味でも、団地内での公営住宅併設等には、極めて大きい意義がある。

UR賃貸住宅への「建て替え」は2008年3月に3期目の住棟が竣工し終了。公団賃貸住宅が立地していたUR所有敷地のうちの残地（18ha）の利用が課題としてクローズアップし、以降10年経過しているが、ほぼその利用も終わりつつある。その残地部分のあり方を考える主体として、それまでの自治会、UR、日野市による「三者勉強会」で協働してきたつながりや組織をベースにした、「まちづくり三者勉強会」がある。

注2　UR団地で自治会参加型「団地再生」の事例として、各団地ごとに内容は異なっているが、例えば、関東圏で常盤平、多摩平、武蔵野緑町、前原、金町等の各団地、関西圏では、浜甲子園団地があげられる（序章2008）。

（3）「多摩平の森」残地現況

前記の「建て替え」後の残地18haの土地利用の現況を紹介したい。
重要な点として2点ある。

1　URが団地の旧中層住棟5棟を除却せずに、リノベーションして活用していることだ（たまむすびテラス（注3）（序章2012））。全国的に「建て替え」団地で、除却予定の住棟を存置させるのは稀であり、異なる事業システムでまとめて5棟を「街区」として実施という事例はない。使えるものは最後まで使い切るという姿勢は大事であり、全国的に展開してほしいものだ。

2　もう1つはこの「たまむすびテラス」も含めて、自治会の笹原会長が「多摩平の森はゆりかごから墓場まで」と言われたように、多くの日野市関係の福祉施設が整備されたことだ。URも「地域医療福祉拠点」の1つとして当団地を選んでいる。

　もちろん、一般的なURの「建て替え」団地の残地部分では必ず見られる、高層の民間マンション群や飲食・商業・高齢者福祉施設などの立地もあるが、多摩平の森では、同時に居住者・自治会・市民の意向も大きく左右して、実に多様なそして多数の幼児から高齢者までの福祉施設開設となった。数多くの保育所、特養、訪問介護ステーション、各種医療施設、健康増進施設、障害者支援センターなどだ。この三者間での対等な話し合いによる合意で、まちづくりが進んだことの意味は大きい（序章2012）。

2.「三者勉強会」と多摩平の森自治会

1 ｜ 「建て替え」と三者勉強会

（1）裁判沙汰は避ける

　多摩平団地自治会は1987年11月には、「多摩平団地「建て替え」対策委員会」を設置した（以降、本項の最後に記した年表参照）。

以下、多摩平団地自治会は他団地の実情などをつぶさにみて、裁判になって「居住者間での分断だけが残るような「建て替え」は避けよう」、あるいは「何とか裁判になるようなことは避けよう」と、考え・学習し動いた。結果、日野市を巻き込み、公団の中にも一部話し合いの雰囲気もあることを察し、話し合いによる「建て替え」の模索が始まった。1992年には、市長が「住民中心の考えを堅持して公団へ対処」と発言している。

　しかし、現実はそう甘くはなかった。

　この間、対策委員会の設立から三者勉強会の発足（1996）までの、実に10年間近くは、大変であった。「建て替え」事業そもそもの学習から始め、他団地での「建て替え」状況を調査し、関東圏の自治会・自治協とも情報交換し、公団と話し合い（住み続けのできる家賃額など）、日野市にも要請（用途地域変更での不利を阻止など）など、エネルギッシュに活動を展開してきた。このような活動があればこそ、いまの多摩平の森への再生がある。中心的に担ったのが多摩平団地の自治会であった。

（2）居住者参加の「建て替え」組織

　三者勉強会は、自由で平等な発言を保障しお互いに歩み寄ることを大事にして、「建て替え」問題は話し合いのテーブルで解決するという約束のもとで進められた。また、議事録は作らず、自治会が発行する自治会ニュースがそれだというところも、ユニークだ。三者の話し合い内容を書いたニュースも居住者、公団と市の職員にもよく読まれることになり、ニュースそのものも大事にされる。このように、記録することは面倒だが大事で、しかもこのような読んでもらう工夫に、なるほどと感心させられた。

　また、この勉強会を中心にして、作業部会が6つ設置された。これらをまとめて三者勉強会がプラットホームのような役割を果たしてきている。三者勉強

注3　他団地でも、住棟はURが所有したままで建て替えずにリニューアルした事例は結構ある。しかしながら、「たまむすびテラス」のように、1つの街区全体を「団地型シェアハウス」「菜園付き住宅」「高齢者向け賃貸住宅」、あるいは「高齢者施設」へといった形で住棟をリニューアルした事例はない。

会はメンバー固定であるが、6つの作業部会は参加自由で気軽に参加できている（序章2008）。

(3)「団地再生」における民主主義

　この多摩平団地での三者勉強会は、団地自治会が中心となって民主主義的な団地再生を行い、いまや団地を含めさらにまちづくりへと進んでいる。

　他にも類似の居住者参加の事例はあるが三者勉強会の対象の広さ・継続性という点で、先進的な意義をもち大いに参考にすべきと考える。また、このような三者での協力・協働が継続したことで、三者間で勉強会が発足して、翌年には「建て替え」が着手され、着手後5年で戻り入居が始まっている。三者の協議を進める過程でいろいろと苦労はあったが、合意したら動き出しは早い。2008年には「建て替え」住宅1528戸が竣工し、合わせて都営住宅も併設された。

　「自治会参加型の団地」と「居住者の参加ができなかった団地」間での「建て替え」の進む速さや、「建て替え」での軋轢（公団と居住者、居住者間での）、結果の団地全体の景観や外部評価（公団外諸分野からの評価や各種の賞やマスコミによる取り上げ）、戻り入居後の近所づきあいや自治会活動、団地管理の行き届き具合などを総合的にみると、結局は前者の方がうまくこのことを多摩平の三者勉強会は立証している。

　下記に、「多摩平の森」の「建て替え」プロセスを概観してもらうべく、これまでの大まかな経過をほぼ10年ごとに三期に分けてまとめた。1987年の対策委員会発足から96年の三者勉強会発足まで10年（第Ⅰ期）、着手から戻り入居完了の2008年まで11年（第Ⅱ期）、2009年の多摩平の森第一回総会から今日までの11年（第Ⅲ期）と、およそ30年を三等分できる。

　本項（1）（2）（3）で第Ⅰと第Ⅱ期の20年間での自治会と三者の活動ポイント3つを述べた。2009年以降（第Ⅲ期）は次項で述べることになる。

多摩平の森「建て替え」プロセス

第Ⅰ期	
三者勉強会発足までの、居住者・自治会の幅広い学習と三者で「建て替え」を話し合う	
1986	公団の「建て替え」始まる
1987	多摩平団地「建て替え」対策委員会発足
1990	多摩自治協、国会、公団、日野市へ「高齢者も安心できる建て替え」要請
1992	日野市長、懇談会で「団地居住者中心の考えを堅持して公団へ対処する」と発言
1994	市会、全会一致で、都営住宅併設請願採択
1995	「多摩平のみどりと団地建て替えを考える市民の会」設立シンポ
1996	自治会、用途地域変更に反対しない
1996	三者（自治会、公団、日野市）勉強会
第Ⅱ期	
「建て替え」に着手し、その具体的な内容を三者で話し合う	
1997	「建て替え」着手（3月）
2002	第一回戻り入居（3月）
2005	第二回戻り入居（3月）
2007	三者勉強会、100回
2008	第三回戻り入居（5月、UR賃貸「建て替え」終了）
第Ⅱ期	
「建て替え」に着手し、その具体的な内容を三者で話し合う	
2009	多摩平の森自治会第一回総会
2011	第115回三者勉強会から「まちづくり三者勉強会」へ
2011	たまむすびテラス(注3)完成
2019	第十一回総会方針、三者勉強会129回を数える

2 | 「多摩平の森自治会」

これまでは、「建て替え」における三者勉強会を述べてきたが、URによる「建て替え」が終わったあとは、そのための「三者勉強会」も約束するのが普通だ。ところが、多摩平団地は違う。三者勉強会も内容を変えて進めながら、かつ団地の自治会活動もすすめ、文化活動も取り込みながら豊富に展開してきている。ここでは、この10年間ほど（第Ⅲ期）を紹介したい。

（1）「多摩平の森自治会」の活動

上記のように2008年UR賃貸住宅の「建て替え」事業は終わり、2009年4月、「多摩平団地自治会」からバトンタッチされ、第1回の「多摩平の森自治会」総会が開かれた。

この総会で以下の3つの活動方針が示された。

1　高齢者対策について
日野市高齢者見守り支援ネットワークづくりを中心としながら、これまでの活動を充実させます。
2　安心・安全な暮らしづくり
防災訓練、防災学習会を充実させ安心・安全な暮らしづくりを目指します。
3　まちづくり
「建て替え」三者勉強会・まちづくり研究会を通じて、多摩平周辺のまちづくり計画を継続していきます。

　このうち、1と2に関しては、自治会の日常的活動であって具体的には注4に示したように、高齢者の居場所の取り組みや、きめの細かい文化的活動、そしてそれらを支える組織体制を整備している。「建て替え」を期に自治会の活動も一層多様になってきていることが読み取れる。居住者の要求・意見を「団地再生」での三者勉強会を通じて実現させてきたが、同時に再生以外の、文化活動にも力をいれている。多摩平の森では自治会活動の一環にも文化活動を入れて、かつ拡大させている。「団地再生」が一段落し、自治会も落ち着いてきたら文化活動にも積極的に取り組んでいるということだ。
　3の「まちづくり」面のポイントは、「多摩平の森」残地の民間への売却処分

注4
・高齢者ケアも含む居場所の整備
東北での大地震（2011）以降は防災対策、防災訓練が活発化し、高齢者へのケアも盛んになり、団地内三集会所（けやき通り、ユリの木、さくら）でも気楽に立ち寄れる居場所として、喫茶や様々な取り組みがなされている。
・文化的サークル活動の推進
サークル活動として、花森クラブ、江戸・東京歴史散歩、はつらつリハビリクラブ、ハーモニカクラブ、絵手紙の会がある。以降、サークル活動は喫茶、クッキング、散歩会、寄席なども追加されながら、URや市、地域包括支援センターそして周辺の大学とも連携しつつ進められている。
・日常的な活動を進める組織体
日常的な活動を進める組織として、組織部、広報部、年間行事部、ゴミ対策部、防災・防犯対策部、文化部、高齢者対策部、母と子の会、ユリの木喫茶室がある。ホームページ部、緑と環境対策部（＝花森クラブ）、さくら喫茶室も追加された（2009年頃）。

の方向をURや日野市などと協働して進めることであった。これも活動の柱の
1つであり、他の団地の「団地再生」には見かけない多摩平の森独自の仕事だ。
他団地の自治会では「団地再生」に参加しても、賃貸住宅の「建て替え」部分
が参加の対象で、残地はURで、というケースが多い。多摩平の森では、自治
会が三者勉強会で「まちづくり」も議論しようということで、居住者と市民の
要望に応え、特に福祉的な施設整備が進んでいる。少なくとも旧団地内につい
ては、最後まで自治会が責任をもつという思いが出ている。このことは大きな
意義がある。

(2) 多摩平の森自治会の活動の今後
　直近の約10年間（前記年表、第Ⅲ期2009 ～ 2019）で、多摩平の森団地内
の土地利用の計画は終わり、建物もほぼ建て替わった。今後、自治会の活動は
どう展開されていくのか。直近の2019年4月の第11回総会での活動方針が基
本であろう（自治会ニュース1476号）。
　それによると、

1　さくら集会所での日常活動の充実
　　自治会は、住民の皆さんに自分に合ったサークルを選んでもらって参加する
ことで日常生活をゆとりあるものにすることを目標とします。
2　高齢者と若い人たちが交流できる場づくり
　　少しずつ世代交代が進んでいます。お互いが楽しく交流できる場づくりが
求められます。
3　防災対策の工夫
　　いざという時に備え、横廊下同士の声かけがもとめられています。表札に名
前を書きましょう。

　1にある「サークルを選ぶ」ということは、居住者が自主的に文化活動を活
発に行うということだ。多摩平の森では、本書の序章で述べた、「安全・快適・
安心・文化」の中で、「安全・快適」の多くが満たされ、「安心」の分野でも戻
り入居の居住者は、おおむね家賃と住み続けが可能となってきている（戻り入

居で、高齢・床面積等の条件あり）。従って、豊かな団地暮らしを進める条件
である「文化」の比重が大きくなりつつあることから、このような方針になっ
たと思われる。

　2 については、世代交代は全国どの団地でも重要課題。若い人の参加を求
めるためにも高齢者との交流できる場づくりを進めることは、喫緊の課題であ
る。老若男女がどう交流していくべきか、都市居住全体に問われる問題であり、
すべての UR 団地でも解を見出す努力が日々なされており、かつ必要とされて
いる。

　3 については、地震大鳴動の時代の今、隣近所で助け合うにはまずは住戸玄
関表札に氏名を書くことが必要だ（近年、分譲住宅団地でも表札は本当に少な
い）。表札に氏名を書くことは、防犯面で難しい点も指摘されているが、防災・
防犯面で第一歩。これまでの団地での経験を積み上げてきた結果、このような
工夫がされたのであろう。

　上述した、2009 年の第 1 回総会での方針から、約 10 年間で多摩平の森自治
会の活動が変化しつつあることが読み取れる。

　つまり、2019 年の方針では、残地部分の利活用も目途がついたことから、
2009 年の方針にあった「まちづくり」が消えた。団地暮らしを豊かにするた
めには、活動の主力を日常の居住者の利益・親交・文化活動にシフトしようと
いうことだ。より具体的に、より身近に近隣でのコミュニティをどのように形
成すべきか、といったテーマに取り組み、日常的に居住者間の交流を深めてい
こうという提起だ。さらには繰り返しになるが、各自が文化的なサークルを選
んで参加していくことで、"暮らしにゆとりをもとうではないか"あるいは"文
化活動を展開しよう"という提案もされている。

3. 「三者勉強会」から何を学ぶか

　四半世紀にわたって現在も進行中で、百数十回にもおよぶ多摩平の森団地の

「三者勉強会」から、私たちは何を学ぶか。

　本章冒頭に述べたように、「団地再生」において、居住者・自治会の参加を保障しURと自治体と協働しながら進める「三者勉強会」という形態を日本で実現したことが、一番の学ぶべきところだ。もう1つは、コミュニティ活動（自治会活動と文化活動）によって安全・快適・安心・文化の豊かな団地暮らしを前進させるという視点での学びである。

　この2点について、多摩平の森の三者勉強会の活動を振り返り、その効果についてまとめたい。

1 ｜ 団地再生の民主主義

　多摩平団地自治会は、URが進める「建て替え」については、「裁判にでもなれば居住者間の分断を招き、URともうまくいかず、結果はというと居住者の要望にも応えきれないことになる」ことの意味をかみしめた。ならば、逆に話し合いで物事を解決しようと、URや日野市と何度も話し合って「三者勉強会」にたどり着いた。

　とかく、居住者・自治会は、URや自治体に対しては、要求を実現させることは当然だと考えたり、場合によれば敵対的に行動する場合もある。そうではなくて、多摩平団地ではURや日野市に対しては住まいやまちづくりのプロと考えて、"リスペクト"をベースに置いた。逆に、URは居住者・自治会の声に耳を傾け、URとしてできることとできないこと、そしてなぜなのかも含め明確に説明もした。このようなことから、少しずつURとの信頼関係ができた。URと居住者・自治会の関係がうまくいけば、日野市も市民と公的な住宅団地「建て替え」事業者の共通点は、何かと実現しやすい。このように良好なトライアングルができていった。もちろんその過程では、お互いの忍耐や努力も必要であったのだろう。

　三者がよく準備して、よく議論する、そして決める。決めたら実践する。それを誠実に繰り返す、その結果、事業も早く進みうまくいく。

　ただ、とはいっても多摩平の森でも「団地再生」の基本手法は、「建て替え」

であったことに留意しておくべきだ。例えば、この団地での「たまテラス」のように、すべてがリニューアル手法で行われたとしたら、どうであっただろうか。こうなれば、「団地再生」がさらに大きなステップを踏み、ヨーロッパの団地再生のレベルに到達していた、と総括されることになるのだが……。

2 │ 安心居住の実現

　上述のように三者間で四半世紀もの時間をかけた話し合いがもたれ、多摩平の森団地では、「団地再生」が進んだ。その結果、以下のように、家賃、住み続け、高齢者の居住などの「安心」が実現した。このことは、三者による団地民主主義と同時並行した自治会の日常活動を通しての成果でもある。

(1) 都営住宅と家賃の低減で住み続け実現

　家賃については、不十分ではあるが1998年度から「建て替え」事業の中で、高齢者に関しては条件付きで50%減額制度ができ、三者勉強会の協議の中で遡及適用が実現した。十分ではないが、住み続けが可能となったことは極めて意義がある。さらに、これも重要であるが都営住宅の併設も実現し、低所得者層の多摩平団地での住み続けを可能にした（東京圏では数団地実現）。公営住宅への戻り入居者も含めて、自治会活動も一緒に取り組んでいるとのことだ。

(2) リニューアルによる旧住棟の活用

　中層5棟リニューアルで「たむすびテラス」が実現した。実験的な、あるいは単棟、棟の内部でリノベーションして民間事業者にリースするスタイルはあるが、街区まとまってのリニューアルはない。この街区では、「建て替え」ずにリニューアルで団地再生を実施するという考え方が実現している（序章2012）。

(3) 残地の福祉的利用

　補−1で述べた、「建て替え」で生じたUR敷地の利活用について、「まちづくり三者勉強会」で議論しコントロールしながら、民間の諸企業や社会福祉法人

の事業を受け入れてきた。

　ただ、医療福祉施設が結構多く開設しているが、ほとんどが民間事業であり、実際の利用については費用の負担が大いに気になる。つまり、低所得の多摩平の森居住者が使えるのだろうか、という疑問だ。多くの税金が投入されてきたUR敷地に立地した施設であり、そこの入居者が利用できないようでは問題だ。

（4）団地空間の景観的良さ

　全体的に三者によって景観やデザインのコントロールもされた。実際に現地に行って身を置くと高層団地だが「森の中に暮らす」といった表現がぴったりで、心地よい。URのHP等を見てもわかるが、多摩平の森団地は各界から各種の賞を受賞している。例えば、地域住宅計画賞（1996）、緑の都市賞（1995）、グッドデザイン賞（2012年、たまむすびテラス対象）など五指に余る。団地の住み良さの1つでもあるが、デザイン、景観、環境との共生といった分野でも評価が高い。三者勉強会があったからこそであり、主には居住者・自治会とURが協働して、緑や屋外設計関連のコンサルタントとともにワークショップを重ねた結果であろう。

　結果、「多摩平の森」は、気持ちの良い、管理も行き届いた、住んでみたくなる、そして森の中のUR賃貸団地として、まさしく「美団地」の1つとなっている。

資料1　香里団地自治会新聞一面トップ記事（1961〜1965）

トップ記事は、新聞の編集者トップが、団地の有する問題を居住者の目でとらえた月間で最も重要な出来事だといえる。その月1回で5年間（計60回程度）の一覧。（　）はトップ記事のサブタイトル。

6105	創刊号　「文化会館」実現へ立ち上がろう（小寺会長の談話）
06	波乱よぶ青空市場（この間の経過を説明し、自治会の立場を明らかにする）
07	枚方市駅に特急をとめよう！（中宮第二団地と手を結び、枚方市会は京阪電車に署名を）
08	なんとかならぬか"赤い水"（濁った水道水はなぜか、枚方市と公団に聞いてみよう）
09	道遠し「文化会館」建設（自治会対策委員会が公団の香里団地総合プランの進捗を聞く）
10	さあ開幕！香里団地まつり（18,000人の団地に年に一度の"おまつり"がやってきた）
11	ついに団地まつり「運動会」中止（メインの大運動会は雨で中止、来春実施へ）
12	もうすぐXマス開成小で（24日、福引大会、子ども大会、写真コンクール作品展開催へ）
6201	居住者の代表自治会役員公選へ（婦人会と合体した自治会は、民主的に公選実施する）
02	投票日は3月4日（他に類を見ない"総選挙"で画期的であり、マスコミの注目集める）
03	自治会新役員決まる（新会長に武知正男氏、全国の団地初の公選制で香里は金字塔）
04	新香里夢のプラン拝見（新香里周辺に何が建つのか？総合計画委員会が発足）
06	広告つき防犯灯ともる（7丁目分譲地にスポンサーつき防犯灯が設置。やむなし）
07	夏を楽しく自治会員に贈る6つの催し（自治会が会員対象に納涼レクを企画）
08	モデル団地を襲った"断水地獄"（怒り心頭、給水が全面ストップ）
09	"警備"の谷間、これでいいのかダブル事故の教訓（2万人の団地に警官ひとり、交通事故）
11	京阪電車　値上げ分はサービスへ？（香里園駅と枚方市駅の改造計画）
12	幼稚園が欲しい、自治会「私立」誘致へ（2万人の団地に1園（聖母）だけでは少ない）
6301	今年もみんなで幸せに（武知会長の年頭にあたってのあいさつ）
02	固定資産税10割徴収　近く家賃値上げの公算大（建設省審議会を設置）
03	団地で初のガス料理教室自治会主催（140人参加、オーブンもち込み実習）
04	不便になった京阪（ダイヤ改正でバスの連絡悪く、かえって不便に）
04	香里団地から枚方市政の旗手を（編集局主催座談会）
06	自治会さらに躍進へ、38年度自治会長決まる　吉川正吾氏当選
07	団地居住者のモラル確立（団地内公共施設への無関心さを追放しようという運動方針）
08	団地バカンス最高潮（仮設プール、盆踊り大会、金魚すくい、生ビールとステレオの夕べ等）
09	バス停の混乱などの改善（居住者からの改善要望の多い京阪バス）
10	迷い子郵便をなくしよう（郵便受けに名前を、住所は正確に）

12	不正入居撃退に新手（新入居の家族名簿をつけて、隣近所に紹介状を配布）
6401	住みよい団地へ譲り合い（自治会幹事改選の年。皆で新しい自治会像を描き上げよう）
02	もうすぐ役員改選です（会則を根本的に検討、"団地は1つ"は難しい）
04	自治会会則改正案理事会を通過（会則やっとまとまる、近々幹事会招集して最終決定）
06	自治会新しいスタート、会長に吉川氏再選（五大目標決定）
07	燃える人間愛団地あげて献血へ（汚れた血を追放しよう。マスコミも注目）
08	楽しさいっぱい団地の夏（3,000人が踊りの輪、金魚すくい映画会）
09	おめでとう おじいさん おばあさん（93人に楽しい一日、招待者は70歳以上209人）
10	みんなが楽しめる秋の催し（バスツアーと菊人形鑑賞）
11	"団地族"にも値上げ旋風（政府の米価値上げ、その他の物価に連動して、家賃アップ必至）
6501	許せぬ水道料値上げ、「文化会議」とスクラム反対運動へ（他物価への波及恐れる）
02	市民無視の水道料値上げ（赤字解消を転嫁、思い起こそう断水地獄）
03	世論の勝利、値上げを阻止（反対署名4万超す、寺島市長、上程を断念）

資料2　香里団地新聞（1965〜2018）にみるコミュニティ活動関連史

香里前半（〜 1988）

発行年月	記事内容
6505	「香里団地新聞」創刊（香里ヶ丘5丁目に香里団地新聞社設立）
	B、E地区と1丁目が香里団地自治会から脱退。D地区は婦人会として独立
	勝山愛和幼稚園日本一が増築落成、新香里病院5月開設
06	香里団地自治会5月解散。香里団地自治会新聞も自然廃刊。A地区自治会結成、
07	C地区は婦人会結成
08	各全地区自治会（1丁目、A、B、C、D地区）の行事案内
10	9月香里団地保育所父母の会（諸田
6605	各地区新会長懇談
06	学童保育、五常小で開設（開成、香里の学童も1〜4年対象）
07	老人クラブ、五常、開成、香里の3か所
09	子ども会、A、B、C、D各地区で（PTAと自治会共同）
10	幼稚園、9月に全入運動の請願
6706	A、B、C、D地区代表あつまる。牛乳や物価問題で共闘。解散以降初めて、連絡協議会発足
11	6年ぶりに青空市場に3,000人
04	保育所2、幼稚園3、小3、中1、文化会館
05	青空市場取締り強化さる、緒方医院、ゼロ歳児私立保育所
06	市民病院香里ヶ丘診療所閉鎖か
09	香里団地保育所父母の会、病児保育所要望
	8月、第2回香里団地夏祭り、連絡協議会主催。（4,000人参加）
11	軍需の街から、平和の街へ……市民が生んだ団地
12	香里ヶ丘診療所に小児科、内科、耳鼻咽喉科、眼科を開設へ

	5地区（A、B、1丁目は自治会、C、Dは婦人会）週1回は、なにか活動している
6901	連絡協議会設置（5地区と公団の）、保坂小児科で日本初の病児保育（実際は4月から）
	C地区婦人会が野菜の共同購入、京阪運賃値上げ反対へ、読書友の会が雑誌の配達交換を
02	牛乳の値段紛糾、牛乳戦争へ。香里団地物価対策準備委員会と業者交渉
08	幼稚園私立も含めたら数の上で、全入達成
05	団地と周辺の小学校教室不足、間に合わず。香里ヶ丘教会満十年。聖徳特養（定員100人、4月開所予定）。四中で憲法のつどい（講演と座談会）
06	日本一高い牛乳が一番安くなる？ ＝16円へ
08	上記物価対策準備委員会を解消して、五地区連絡会を設置、（この頃団地新聞17,000部発行）
	C地区7月に総合作品展。夏祭り（金魚祭り、福引会、夜店、延べ2,500人）
09	各地区連絡協議会主催団地夏祭り、3,000人超える
11	市立幼稚園の増設をすすめる会、市へ要請（市立への園児殺到をどうするのか？）
12	もっと保育所を（団地、敬愛、常称寺、香里が丘で計350人定員では不足（1970年の団地新聞、枚方市立図書館にもない）
7101	市立保育所新設、「香里地区保育所新設をすすめる会」の要望実る
05	市議選香里団地から5人全員当選、私立保育所「香里ヶ丘愛児園」9月開所
06	五地区が総決起集会（700人参加）。空家割り増し家賃撤廃、既設団地の家賃値上げ反対
07	丸福鉄工所移転か。悪臭の公害工場移転へ、早ければ年内に
09	関西地区総決起集会へ五地区から65人参加へ
10	丸福鉄工所跡地ボーリング場設置反対運動（区長、PTA、A、B2丁目自治会会長）
7204	市は3ヵ年計画で、保育所待機ゼロを目指す
06	A、B、C、D、香陽、1丁目の6地区自治会長に聞く
	病児保育ピンチで市が坂保医師に委託）、運営は、市病児保育共済会（会員270）。延べ1,000人が利用
07	公団、テニスコートを商店街来客用駐車場へ転換の提案。6地区会は反対、阻止
	A地区も産地直送直売、12日にマルフクボーリング場オープン（この頃香里団地新聞社が京阪団地新聞社へ、紙面8pから16pへ）
08	19日に各地区連絡会合同の夏祭り、
11	D地区婦人会、「ホリデー遊戯道路（勝山愛和～南谷公園間）」車両通行禁止で子どもに開放
7304	空き家割り増し撤廃署名（B地区と香陽は保留）
06	団地内家賃値上げ反対デモ700人
7405	香里図書分館建設始まる（同年11月開館）
06	D地区婦人会から自治会へ組織変更、C地区婦人会以楽苑清掃
10	団地内の露天商消えた
7504	ダストシュート、簡易焼却炉全面閉鎖。
	香里ヶ丘図書館、半年間で、56,000冊貸し出し、5,000人登録、II期工事を望む声あり
08	E地区がD地区に続き、5地区会から脱退

	11	保坂医師の献身あるも、病児保育経営面で不安、
	12	生協活発（1,700人参加）、聖徳文化会館前やD地区集会所前
7604		B地区連絡会（自治会＋区長＋商店街）とB地区自治会対立。
	05	これまでのC地区婦人会がC地区自治会へ組織変更、区長も入れる
		4月段階で、A、香陽、C、E各地区は新役員決まり、B、D地区は未定
	06	6地区の自治会から、区長制は不要だの意見
	07	各自治会は独自活動し、連絡会は決議機関ではない
	08	D地区のよろず相談好評
	10	ボウルマルフク跡にトップセンター進出
	12	不用品交換会、牛乳戦争（各社値下げ合戦）
7701		公立幼稚園全員入園を求める会、市長へ要請（団地内に市立の幼稚園設置を）
	03	有沢第二病院の近くに看護学校建設
		病児保育所、市財政難で廃止の危機、市病児保育共済会はむしろ全市的に開設と
	05	団地全体で、不法駐車激増、大きな問題化C地区互楽会で文化講演会、
	09	家賃値上げ、全国的に平均月5,000円アップ。全国的に反対の運動拡大へ
	10	車の増加と通過交通による団地内交通事故の危険性拡大、香陽：敬老のつどい
	11	トップセンターオープン
		香里団地図書館3周年、蔵書16,000冊、月8,000冊貸し出し
	12	関西自治協佐長氏来る。関西でも反対運動を具体化、団地で家賃反対のビラ
7802		家賃値上げ問題を6地区で協議。関西自治協に加盟はしないが共闘する
	03	図書館行政の充実を。子どもの本を広める会"つくしんぼ"、1973年から月1回読書会と絵本を読む会を
		6地区会（10人）が公団と建設省に家賃値上げ反対の要請（12,000人分の署名）
	04	トップセンター、大店法違反か？
	09	C地区と関西自治協、家賃値上げ反対集会
		全国自治協（工藤会長）も反対運動。全国で36万戸対象、香里団地では4,900円、707戸（61%）が口座振り替え拒否
	11	20周年記念号（181号）：1961～63年の香里団地自治会はマスコミでは、「日本一の自治会」と紹介。①自治会費は各自が自主的に届ける、②事務所は公団の営業所に一角、③自治会長は市長なみ（人口が市の20%）でマスコミも注目
7902		家賃戦争終結へ向け話し合い、関西では101団地75,000戸が対象
	03	家賃値上げの見返りとして、特別団地環境整備費で、香里団地1億提示。6地区自治会と支社・営業所の協議へ
	04	問題残す有恵会併設病児保育所（例、保坂小児科での併設病児保育は三歳未満、一日500円。市の補助と共済会の会費が大きい）
	06	団環整備として各自治会、集会所の増設など屋外の環境整備要望
		看護学院建物下有恵会病児保育所、4月オープンなるも、利用者ゼロ（2000円は高すぎる）
	07	例年の6地区会長座談会、自治会離れが増えていることや夏祭りは全地区でと議論
	09	香里ヶ丘図書館、満五年。24,000冊の蔵書、月1万戸得る利用
8001		20年迎える囲碁同好会（1960年スタート、100を超えるサークルの中で老舗）。他のサークルでは、音楽、芝居など、鉄道、少年野球など

05	枚方おやこ劇場、団地中心に 2,700 会員。「子どもに夢を、たくましく豊かな創造性を!」「子どもに未来を開く知恵と勇気を!」のスローガン
8104	香里団地保育所建て替え
08	6月（216号）以降の新聞名は「ひらかた団地新聞」、発行社名は同じ
8206	地区連絡協議会（香里団地の賃、分、宅分、社宅なども含める連絡会?）
08	香里団地ロータリーのシンボル「愛の像」（1959 設置、市の管理）、地区連は市長に、修復再建で要望書提出し、修復を香里団地内の諸団体に呼びかけた
8307	愛の像ようやく修復。
8402	C地区親睦「互楽会」（お茶飲みながら世間話、いけばな、社交ダンス、0歳〜70歳代、100人近い。秋の作品店がビッグイベント）
03	1961 年に開園した「以楽苑」（8,100㎡、団地の社宅企業から出資）がアヒル公害に
09	今年も各6地区で夏祭りを実行へ
09	香里ヶ丘図書館10周年。蔵書 45,000 冊、中高生読書会 40 人、おはなし会毎回 30 人（幼児低学年対象）煙突を平和のシンボルに（8丁目の水道局敷地内煙突）
11	開成小25周年、市制35年記念で1982年枚方八景に香里団地並木選定
8501	「ひらかた団地新聞」スタート（12,000 部）
06	連絡協議会で住民の自治会離れが話題
8604	たんぽぽの会（1966年春、全入・市立幼稚園増設運動を開いた時の共同保育を進める会）、現在も健在で、運動中。
10	1977年オープンのトップセンター新装
8708	香里ヶ丘図書館北側、香里ヶ丘3丁目三角地に公団中層分譲建設
11	C地区互楽会作品展、香陽地区なかよし会を老人会へ移行
8801	昨年の3月の区長廃止は不便
06	香里団地6地区会、家賃値上げ反対へ、6地区で公団問題に対処、入居開始30周年合同夏祭りを8月開催へ
07	たんぽぽの会、幼稚園児の共同保育を図書館へ（E集会所の使用出来ないので）
08	6地区会、家賃値上げ反対の声多い、住宅設備改善も要求
08	6地区共催、30年記念夏祭り（記念誌発行）

香里後半（1989 〜）

8904	シンポジウム「すきやねん香里団地」（B、C、D、E香陽の5地区共催）
06	6地区会、一部自治会に反対があり6地区合同はないことを前提に、建て替え問題の議論を
08	6地区会、対策委員会設置（会長はD地区原田会長）
09	対策委員会設置記事、原田会長「最近の家賃、最高の環境を守ることが大前提」
9001	対策委員会、会長を窓口とし事務局設置
03	対策委員会、公団と市に要望書を出す（署名 6,000 筆）
05	新年度6地区自治会定例会、自治会員増加と建て替え問題をチラシで全戸に
07	この頃ビラまき何度も、学習会など多彩に取り組む
08	対策委員会、建て替えにあたり、居住弱者への配慮を行政に要請
09	反戦訴え、平和のための戦争展開催（7年前から毎年）
10	対策委員会、家賃問題にも取り組む。「3〜4倍になる家賃はおかしい」
9105	対策委員会40人で建て替え団地などを見学（東淀川、池田団地、朝潮橋）

06	6地区定例会開催。加入率低下5割弱へ、A地区（募集停止）での空き家増加
10	たんぽぽの会、4歳児対象の幼児共同保育のサークル危機、公立幼稚園の増設を要請
12	住民集会署名、「建替えには反対しない、住み続けられる家賃を」、「弱者救済と家賃補助を」
9202	住民集会、公団、市、市議会へ見直し要望するも回答なし
03	住民決起集会、「安心して住み続けられる住宅と家賃制度を」（300人参加）
	公団、市などに再び要望書を提出（署名7,000筆、公団へ働きかけを＝家賃対策）
04	団地内「こもれび水路」完成
05	子ども会解散（子どもの減少、世話役なり手なし、十数年前は100人越えていたが）
07	対策委員会、全住戸4,900対象のアンケート実施（40歳代最多、建て替え後の家賃4〜5万の要求、自治会運動には5割が賛成）
9303	6地区会大塩市長と懇談、市と公団の協議の場に住民代表の参加要請
04	6地区会、対策委、自治会三者を強大にするため、団地ぐるみで運動を、全戸自治会加入を
05	かおり会（ひとりぐらし老人会）、建て替え問題の勉強会（原田会長講師）
	グランドプランをつくる、一方では、公団と市が協議（92年12月以降）
10	グランドプランを市へ提示、順次説明会にはいる
	D地区敬老の集い、42人中37人参加
11	対策委員会、商店街連合と懇談
12	金岡団地建て替えの実態報道（家賃は3〜4倍になるので、弱者の減額を）
9402	A地区（後藤会長）1期説明会。
	建て替え事務所開設、UR「補充停止で7年経った」
11	6地区自治会から「香里団地自治会連合会」といった連合体への模索（UR対応上）
9501	1期A地区説明会以降、一時使用賃貸借契約締結ほぼ終了
02	6地区自治会一本化足踏み（E地区：連合はいいが統一はだめ、A地区は否定的）
06	6地区自治会、新役員顔合わせ会（A地区、E地区も参加）
10	香陽地区、D地区で敬老のつどい
11	A地区後藤会長、「戻り入居が少なく自治会が維持できるか心配」
9604	E地区、6地区会から脱退、A地区も6地区会休会を提案。原田対策委員長辞任表明
12	B地区（33年入居）、97年2、3月説明会予定
9704	B地区に新住民自治会組織へ、原副会長が会長の懇話会立ち上げ
05	原田対策委員長辞任
10	B地区懇話会。100人会員参加
11	D地区（野村会長）、第一回秋祭り
12	B地区建て替え、「グリーンウォッチング」でUR事務所に、残して欲しい樹木を指定
9803	アーベイン東三国建て替え見学会、餅つき大会もD地区、香陽地区で
05	各自治会総会。イベント等はやるが、建て替えへ運動はしない
06	10月みずき街入居予定（10棟、437戸）
09	国家公務員宿舎建て替え説明会。町内会から不満出る。各地区で敬老会
	ピーコック秋祭り（創業40年＋みずき街完成）
12	まちびらきイベント、「語ろう香里の想い出と未来」（巽、大久保、坂本、浜村各氏）

9902	ひとりぐらしお年寄りとの交流会、各地区でとんど焼き
04	A地区会解散。「35年で最大出来事は建て替え」
05	香陽地区、大阪自治協加盟。6地区自治協、関西自治協から退会
10	「みずき街自治会」（旧A地区）設立総会。C地区互楽作品展
0001	B地区懇話会、公団に建て替え関連で要望書
04	香里長寿会D地区中心で勉強会（53人）
08	市防犯協議会香里ヶ丘支部、夏の防犯パトロール
09	香陽校区敬老のつどい開成秋祭り＋体育祭、D地区敬老会160人、C地区互楽会作品展
0101	とんど焼き、餅つき、新年懇親会
06	B地区懇話会解散（4月）、けやき東街自治会結成（10月）
	21開成校区コミュニティ協議会（後藤）、秋祭り
10	A地区残地に民間マンション
11	互楽会（C地区中心60人）27回（1974年以来継続）
0202	建て替えを目前にして解散したC地区、3年ぶりに活動開始
04	C地区740戸設立総会。商店街夏祭り、最高の人出（7月）
0310	高齢者総合介護センター（1969年8丁目開設特養、3丁目への移転建設）開設へ
12	南部生涯学習市民センター開設
07	商店街の夏まつり（けやき東、D地区などの協賛）
09	防犯への住民の関心高まる。3日間で防犯パトロールへ述べ460人参加
05	香里団地各地区自治会総会、
06	香里ヶ丘支部防犯協議会総会
07	ひらかた団地新聞（けいはん団地新聞も）は7月号（524号）で武知代表逝去につき廃刊
	「けいはんタイムリー」として出発（京阪タイムリー社、東香里南町）
05	センター地区東ブロック（派出所から東へ市支所まで）建替着工（0702オープン予定）
06	東ブロック開所来年2月にかけて
05	3丁目、高齢者総合介護センター開設
	7月7日枚方、交野で七夕サミット（観音山公園）
0804	各地区総会、けやき、みずき、D地区の3地区は、校区コミュニティ協議会とも協力
08	各地区防災訓練。開成、五常、香陽
11	開成小夏祭り（5000人、20団体の協力、竹内市長参加）
	開成小50周年（1959年4月開校、68年ピーク1371人31クラス、1994年には223人8クラス）、建て替えへ　来年秋完成へ
12	入居50年、11月17日〜23日「香里の懐かしい写真展」1,632人参加
0901	開成校区、こども見守り隊結成、150人登録
07	インフルエンザ勉強会けやき、D地区恒例のバスツアー
11	新香里バスロータリー北東、CORIOオープン。レンガ広場商店街もオープン（12月）
1008	コ協（コミュニティ協議会）主催の五常、開成小、香里夏祭り
1103	センター地区全体がオープン
04	開成校区地域安全センター開所、開成小の空教室を活用

08	開成校区コ協（夏祭り3,000人参加）五常校区コ協（夏祭り）、香里校区コ協（夏祭り）
	香陽校区コ（防犯協議会香陽支部、防犯防災安全講習会120人）
1206	香里校区子ども会、カップゴルフ大会（親子でできる、300人）
07	開成、香里、五常、で夏祭り
08	公設市場が「こもれび生活館」としてオープン
11	開成、敬老をかねた地域交流会200人参加。南部センターにて
12	CORIO3周年
04	五常校区コ協、防災フェスティバル、校区外からも計400人
07	開成（5000人）、香陽、香里、五常の夏祭り
1401	香里が丘さくらぎ街、自治会発足（高層6棟）。みずき街、建て替え15年年末恒例交流会。けやき街：恒例のクリスマス会80人参加
12	開成学区コ協、避難所運営訓練。香陽：防災訓練
1511	開成校区、地域交流会（南部センター、200人）
12	香陽校区自主防災会：防災訓練。みずき、お楽しみ会。けやき、クリスマス会
1605	妙見山の煙突見学会＝この5年毎年、五常校区コミュニティ協協力
	E地区自治会、再結成され4月にお花見会
08	開成校区、敬老会かねて交流会、200人参加
1701	市と公団協定（香里が丘の都市機能の充実など）、香里ヶ丘図書館建替、2018年度着工
	E地区（450戸、自治会140世帯、65歳以上が65%。若い入居者も増加傾向）
05	6月、しょうとくまちかどステーション。CORIOにオープン（高齢者と子育て層への対応）
07	開成校区夏祭り（コ協＋PTA）、開成校区地域交流会（南部センター200人）
1801	12月けやき東街クリスマス会
04	CORIO無料送迎始める、四輪自転車で、四輪で公道走るは日本初
07	最終号（154号）
08	京阪タイムリー社活動停止

＊発行年月における記事であり、事実関係の生起時期とは異なる

おわりに

　筆者自身「香里前半」、43年前1977年頃の数年間香里団地に住んでいた。

　当時共働きをしていて、子ども2人が保育所に通い、送り迎えをしていた。上の子は団地内の私立敬愛保育園、下の子は、枚方市駅に行く途中の私立常称寺保育園に乳児期から入りその後何とか団地内の公立藤田川保育所に転入できた。藤田川保育所の建物壁にはロングセラーの絵本「ぐりとぐら」の一場面が書かれていたのを覚えている。また、1969年にオープンした保坂小児科の併設病児保育室にも世話になった。子どもが2人いると、かわりばんこに熱を出す。よく利用させてもらい助けられた。

　B地区センターの和風食堂で食事をしたり、初代ピーコックがまだ現役で、香里兵器廠建物の一部を再利用した公設市場もあり、双方とも買い物にもよくいった。「香里ヶ丘文化会議」が実施した青空市場はすでに姿を消していたが、団地センター付近は空地も多くあって、露天の店はその頃も結構賑わっていた。そしてそこでは夏祭り・金魚すくいなどのイベントも盛んであった。団地のどこにいても、中低層住棟の団地だから、広い青空が見え、遠くの山々が望めた。起伏にとんだ緑地や林、公園・ひろばも豊富で、冬・年末になると凧揚げの季節だ。当時流行の"ゲイラカイト"が無数、空に浮かんでいた光景が脳裏に残る。

　振り返っていろいろ思い起こせば、本書でも縷々述べたが公団によって設計・建設された香里団地の居住空間は掛け値なしに気持ち良かった。それに加えて、先人の居住者や自治会・「文化会議」のコミュニティ活動によって築き上げられた暮らしやすさの上に乗っかって、何不自由なく団地暮らしをさせてもらったと、ありがたくしみじみ思う。

「香里後半」になって、2000〜2005年ごろ、今度は研究者として団地再生の調査研究を行った。

　「建て替え」直後のB地区や着手のD地区の“住み続け”に関して、居住者へのアンケート調査をする目的で何度も訪れた。なだらかな起伏に富んだ団地には、地区別に中低層のゆったり住棟群があったが、それがしばらく見ぬうちに高密・高層の片廊下住棟群に建て替わっていた。リニューアルではなく「建て替え」はどう考えても合点がいかず、「団地再生で住み続けはできないものだろうか？」との疑問を感じ続けてきた。そこで、その思いを「団地再生　公団住宅に住み続ける」に託して共著で出版した（2008年・クリエイツかもがわ）。それ以降、本書の序章で示したように幾冊かの団地やマンションの再生関連の本を書いたが、本書が最終編だ。

　そして今や、香里団地も過半が建て替わってしまった。

　残るD、E地区では、URとしては住宅建設しない「集約」事業が進みだしている。

　居住者・市民の思い・願いは明確だ。何とかして、この両地区だけでもリニューアルで再生するわけにはいかないのか。縷々述べたようにリニューアルでの再生であると多くのメリットがあり、かつ、これからの日本の都市住宅のあり方を提起することにもなる。ここはひとつ、URに奮起してもらって、是非方針を転換して欲しい。

　同時に、香里団地の居住者に対しても各地区自治会を団地自治会として一本にまとめ、一致して両地区のリニューアルを進めて欲しいと願う。文化活動の分野からもその方向でまとまって欲しい。両者が協働して、香里団地のコミュニティ活動として取り組めば、必ずリニューアルによる再生も実現でき、より豊かな暮らしにつながる。

　逆にもし、このままD、E両地区での「集約」が進んでいくと、団地空間と居住者の暮らしによってつくられてきたコミュニティがそして居住文化が、

あっけなく消え去ってしまうことを強く危惧する。つまり、香里団地で60年間かかって公団によってつくられてきた、素晴らしい住宅や屋外の居住空間が、いとも簡単になくなってしまう。同時に、同期間に団地に居住してきた人たちによって少しずつ、ほんとにちょっとずつつくられてきた貴重な人間関係や紡がれた絆、団地コミュニティも一緒に、一挙に絶えてしまう。

　これでいいのだろうか？

　お礼

　文中に氏名を掲載した人、事情で出せなかった人を含め、本書の原稿作成で、多くの方々に資料やアドバイスをいただきました。深く感謝いたします。

　本書掲載の写真は、表紙を含め、香里団地在住の福岡崇夫さんが長年撮りためられた膨大な写真の中から、選ばせていただきました（本書に掲載の写真に表示しているのは撮影の西暦年。2020年撮影分は筆者）。心からお礼を申し上げます。

　最後に、株式会社クリエイツかもがわ代表取締役の田島英二さんと編集担当の伊藤愛さん、お世話になりました。過去の4冊の出版を含めありがとうございます。

著 者

増永理彦（ますなが・ただひこ）
「NPO法人なごみの家」理事長。
1947年生。京都大学大学院工学研究科修士課程建築学専攻修了。博士（学術）。一級建築士。インテリアコーディネーター。1973年日本住宅公団大阪支所入所、1997年住宅・都市整備公団退職、1998年神戸松蔭女子学院短期大学造形学科教授就任、2017年神戸松蔭女子学院大学人間科学部ファッション・ハウジングデザイン学科退職。熊本県出身。

【著書・論文】
『育てる環境とコミュニティ』南芦屋浜コミュニティ・アート実行委員会（1998、編著）、『集住体デザインの最前線・関西発』彰国社（1998、編著）、『マンション・企画・設計・管理』学芸出版社（2001、編著）、「公団賃貸住宅における高齢者居住に関する基礎的研究」博士論文（2002）、『図解住居学4 住まいと社会』学芸出版社（2005、共著）、『住宅政策の再生 豊かな居住をめざして』日本評論社（2006、共著）、『団地再生 公団住宅に住み続ける』（2008、編著）、『UR団地の公的な再生と活用』（2012）、『マンション再生 二つの"老い"への挑戦』（2013）、『団地と暮らし UR住宅のデザイン文化を創る』（2015）いずれもクリエイツかもがわ。

ゆたかな UR 団地暮らしを求めて
香里団地コミュニティ活動 60 年

2021 年 2 月 15 日　初版発行

著　者　© 増永理彦
発行者　田島英二
発行所　株式会社 クリエイツかもがわ
　　　　〒 601-8382　京都市南区吉祥院石原上川原町 21
　　　　電話 075(661)5741　FAX 075(693)6605
　　　　ホームページ　http://www.creates-k.co.jp
　　　　メール　info@creates-k.co.jp
　　　　郵便振替　00990-7-150584
装　丁　菅田　亮
印刷所　モリモト印刷株式会社

ISBN978-4-86342-300-8 C0036

増永理彦／編著　再生三部作

団地再生
公団住宅に住み続ける

A5判 208頁　2200円

まだまだ住める公団住宅‼ リニューアルで住み続ける

あこがれだった公団住宅。今では居住者にとって、なくてはならない故郷。この公団住宅に住み続けるために、都市再生機構の「再編方針」を団地再生の実例をもとに批判。
居住者参加で立ち向かう団地再生のヒントが満載。

UR団地の
公的な再生と活用
高齢者と子育て居住支援をミッションに

A5判 192頁　2000円

**UR賃貸住宅の公的再生で「適切な質」「適度な家賃」の
都市住宅を継続・発展！**

モノはあふれ、お金さえあれば何でも手に入るような経済的豊かさのなか、子どもや高齢者が社会的に、そして生活や居住面で、大事にされているのだろうか？
都市再生機構が果たしてきた役割あるいは問題点を拾い出しながら、高齢者・子育ての居住支援を重点に、地域社会づくりに活用するしくみを提起。

マンション再生
二つの"老い"への挑戦

A5判 160頁　1600円

マンションは再生の時代へ

建物の「経年劣化」と居住者の「高齢化」、2つの"老い"への対応が再生のキーワード。「住み続ける」「リニューアル」「参加する」をマンション再生3原則とし、コミュニティ活動や生活支援、公的な介護サービスの対応など、住み続けるための支援の充実を提起。

＊本体価格表示

本体価格表示

住むこと 生きること 追い出すこと　9人に聞く借上復興住宅

市川英恵／著　兵庫県震災復興研究センター／編

健康で文化的な生活をおくる権利をみんながもっている！

住み続けたい人が追い出されるってどういうこと？　借上復興住宅入居者の声を聞き、自治体の主張を整理。研究者、医師、弁護士との対話から、居住福祉、医療、健康、法律について考える。　　　　　　　　　　　　　　　　　　　　　　　　　　　　1200円

22歳が見た、聞いた、考えた「被災者ニーズ」と「居住の権利」
借上復興住宅・問題

市川英恵／著　兵庫県震災復興研究センター／編　寺田浩晃／マンガ

阪神・淡路大震災当時1歳。震災？関係ない？そんなことない！

震災を覚えていない世代が、自分たちのことばで、阪神・淡路大震災の復興に迫る。まだ、終わっていない阪神・淡路大震災の復興、そして、東日本、熊本…今後の震災復興住宅のあり方に目を向けて！各章はマンガからスタート。　　　　　　　　　　1200円

マンション大規模修繕　暮らしやすく豊かな生活空間づくり

竹山清明／著

分譲マンション所有者必読の書

被害が少なくなり、賢い大規模修繕のあり方を伝授。定期的に多額の修繕費をかけても永続的に売買価格は下がり続ける日本。新しい大規模修繕方針により、修繕費は大きく減額、価値の高いマンションを実現できる。国（国土交通省）、管理組合、コンサルティング専門家・団体のあるべき対応を提言！　　　　　　　　　　　　　　　　　1600円

団地と暮らし
UR住宅のデザイン文化を創る

増永理彦／著　　　　　　　A5判 220頁　2000円

URデザインチームの住宅・団地のデザインと、
そこに住む人たちの暮らしが重なりあってうまれた「UR住宅デザイン文化」に注目！

60年間のUR賃貸住宅デザインプロセスの意義・役割と、居住者の「安全・安心・快適」な暮らし・コミュニティの実現をめざしてきた活動を振り返ってみよう。
「UR住宅再生デザイン文化」をどう創っていくべきか、UR民営化が進展するなか、その方向が見えてくる……
コラムでは、UR居住歴のある8人が、UR団地での暮らしを個性的に活写！

本体価格表示